利息的故事

利率背后的
金融世界

〔日〕田渊直也

著 樊颖

译

教養としての「金利」

机械工业出版社

CHINA MACHINE PRESS

北京市版权局著作权合同登记　图字：01-2023-6215 号。

图书在版编目（CIP）数据

利息的故事：利率背后的金融世界 /（日）田渊直也著；樊颖译 . —北京：机械工业出版社，2024.6

ISBN 978-7-111-75724-5

Ⅰ. ①利… Ⅱ. ①田… ②樊… Ⅲ. ①利率 - 研究 - 世界 Ⅳ. ① F831.2

中国国家版本馆 CIP 数据核字（2024）第 088707 号

机械工业出版社（北京市百万庄大街 22 号　邮政编码 100037）
策划编辑：顾　煦　　　　　责任编辑：顾　煦
责任校对：郑　雪　李小宝　　责任印制：郜　敏
三河市宏达印刷有限公司印刷
2024 年 8 月第 1 版第 1 次印刷
147mm×210mm・8.25 印张・1 插页・134 千字
标准书号：ISBN 978-7-111-75724-5
定价：69.00 元

电话服务　　　　　　　　　网络服务
客服电话：010-88361066　机　工　官　网：www.cmpbook.com
　　　　　010-88379833　机　工　官　博：weibo.com/cmp1952
　　　　　010-68326294　金　书　网：www.golden-book.com
封底无防伪标均为盗版　机工教育服务网：www.cmpedu.com

序　言

利率是金融活动的基础，这一点毋庸置疑。金融对整个经济，尤其对我们的生活有巨大的影响，所以我们有必要了解一些利率的相关知识。

融资的模式一般可分为两大类：债务融资和权益融资。债务融资是指通过向银行借款、发行债券等方式筹得的资金，利率在其中发挥着重要作用。根据国际货币基金组织（IMF）的数据，截至2021年年底，全球债务市场（不包括金融机构）规模达到235万亿美元，相当于近3万万亿日元。这个数字大到让人无法想象，我们可以换个说法：这一数值相当于全球 GDP 的 2.5 倍，可见债务市场规模之庞大。

股份制企业通过发行股票融资，这属于权益融资。股市是金融市场的另一个重要组成部分。股票价格在很大程度上也受到利率的影响，可以说利率是金融活动中不可或缺的要素。

虽然利率如此重要，但在很多人的印象中，利率平平无奇，又难以理解。造成这一印象的主要原因是利率种类繁多，人们很难看清全貌。若想全面了解利率，就必须从收益率曲线入手。因为大部分收益率曲线都是在债券市场形成的，所以我们也要掌握一些债券市场的相关知识。

近年来，尤其是在日本，很长时间内持续着极低利率的状态，以至于人们想当然地认为利率接近于零，且一直没有变化。这一状况导致利率很少有机会出现在新闻报道中，也削弱了大众对利率的兴趣。例如，金融机构和投资管理公司里本应聚集了利率方面的众多专家，但是现在这些机构中也很少有人经历过高利率时期，见证过利率的大幅波动。

2022 年，全球利率突然开始大幅波动，这一变化可能具有历史意义。由此，利率停留在超低水平、无人关注的时代终结，利率波动在各个领域发挥重要作用的时代再度复兴。

正如在开篇提到的，无论普通读者还是商务人士，都应该了解一些利率的基本知识。未来几年，利率知识的重要性会更为凸显。在本书中，我们将从不同角度来探讨利率问题，书中不仅有通识教育水平的利率知识，还包括一些金融专业水平的利率知识。如果只是想对利率做个大概了解，在阅读本书时可以跳过那些偏重于金融专业知识的部分（标题中标有★）。

下面简要介绍一下本书的主要结构：

第一章是导言，从历史的视角介绍什么是利息。

第二章介绍了与利率计算相关的条件与方法。本章中出现的复利概念是利率计算中非常重要的概念。

第三章从多个角度介绍了不同类型的利率，阐释了各种利率之间的关系。本章还介绍了收益率曲线这一关键概念。

第四章探讨了债券价格与利率之间的关系，其中涉及较多的计算推导过程。长期利率基本上是在债券市场上形成的。因此，要了解利率，就必须具备一些债券的知识。

第五章探讨了利率的一个基本问题：利率水平究竟是如何确定的？只要理解了利率水平的形成机制，就可以从收益率曲线的形态和长期利率水平中获取许多有关经济和货币政策的有用信息。一旦学会了如何观察利率，利率就会成为你值得信赖的经济学家。

第六章总结了利率对经济和其他金融市场的影响。我们只有读懂了利率，才能看清汇率和股市的动向。

第七章回顾了以往持续了数十年的低利率时期。这段低利率时期在利率的历史长河中是独一无二的，它反映了经济结构的重大变化，也催生了许多副作用。现在，利率处于急剧上升的阶段，这表明我们即将面临全球经济新的结构性变化。

读懂利率，就意味着真正了解了金融和经济。希望本书能够为广大读者走进金融世界打下基础。作为本书的作者，这也是我的无上荣光。

田渊直也

2023 年 3 月

目 录

第一章

何谓利息

第一节　利息到底是什么

利息是债务人在借入资金时所支付的租借报酬。

提到钱（货币），人们的第一印象往往是现金，实际上真实的经济活动中用来交易的钱几乎都以银行存款的形式存在。所以金融领域的钱一般指银行存款[⊖]，资金往来也是通过银行之间的转账实现的。

从债权人的角度来看，钱被借出的这段时间是无法使用这笔钱的，因为债权人在资金使用方面受到了限制，所以理应得到相应的补偿。此外，如果担心债务人将来会欠债不还，债权人还应该获得相应的风险补偿。利息就是用来支付上述这些费用的。

利息是资金的租借报酬，借款金额乘以债权人与债务人达成共识的某个比率就等于需要支付的利息金额。作为利息计算公式基础的借款金额，我们称为**本金**，与本金相乘的比

⊖ 银行存款也有很多种类，其中基本存款账户和活期账户中可以随时用于结算的存款具有很强的货币性质。

率就是**利率**。

准确来说，日语中"金利"一词通常指利率，我们把本金乘以利率得出的货币租借报酬称为"利息"。

利率是本书的主题，它对家庭的收入与支出，对企业的经营业务，甚至对国家的经济形势都有极其重要的意义，但人们提起利率总感到麻烦费事、难以理解。造成这一现象的主要原因是利率的计算方法纷繁复杂。关于利率的计算我会在下一章详加解释。另外日语中和利率相关的名称和概念也很庞杂，如果对该领域不熟悉的话，很难理解日语中的"金利"这个词到底指什么，以及其他一些相关术语与"金利"一词有什么关系。

例如，在日语中利息也被称为"利子"，相应地利率也被称为"利子率"。在日本学术界更常用"利子率"一词。

日语里的"金利"一词既可以表示利息，也可以表示利率。这种用法十分常见，并非误用。"金利"一词除了在狭义上表示"利率"，还有更为广泛、通用的语义。

日语中的"金利"一词，在不同的场景和语境下也有其他表达方式，如收益、收益率、贴现率等，它们也可以看作"金利"的一种。我在后文中会详细介绍这些词适用于什么场景，在这里我希望读者明确一点：日语中"金利"一词既可以指利率，也可以指利息，在不同的场景和语境下还会使用其他术语表示。

第二节　利息与货币的历史

利息的历史始于美索不达米亚文明

利息具有悠久的历史。利息是借钱时所支付的租借报酬，利息这一概念在货币出现之前已经存在。

本书中所说的货币，是指"经过铸造、刻印的金属"或"印刷了金额的纸张"，它被法律认可了价值，或者人们相信其价值，而这些与货币本身的实际价值无关。货币具备购买物品和服务的功能，具备储蓄功能。在货币出现之前，金、银等未经加工的贵金属、小麦等耐储存的农作物这些本身具有价值，又能长期保存的商品在商品交易中起到了媒介物的作用，它们被称为实物货币。

美索不达米亚孕育了最古老的文明，当时，生活在这片土地上的人们广泛使用小麦和白银等实物货币，还知道这些实物货币可以用来借贷。著名的《汉穆拉比法典》里规定了租借报酬的上限，即借贷的法定最高利率。法典具体规定了

谷物的利率上限为年利率 33%，白银为 20%。[⊖]

《汉穆拉比法典》颁布于公元前 18 世纪，距今约 4 000 年。美索不达米亚文明是名副其实的原生文明，它影响了许多邻近的文明，许多成果流传到了后世。其中以利息为代表的许多金融方面的文明成果被古希腊和古罗马等其他文明所继承。如此看来，借入货币或借入具备货币功能的物品，并为此支付租借报酬这一基本经济活动早就深深地根植于人类文明之中了。

既然利息基本上可以视为货币的租借报酬，那么我们来简单回顾一下货币的历史。

在美索不达米亚西部有个安纳托利亚半岛（小亚细亚半岛），也就是现在土耳其的主体国土所在地，岛上有一个国家叫吕底亚。这里起初使用沙金等实物货币，到了公元前 6 世纪，身为超级富豪的吕底亚国王克洛伊索斯发行了用金银合金制成的硬币。由于材料是金银合金，因此可以说它本身就具有价值。因为这种硬币不是自然界的未加工物质，又是为了实现货币的功能而被铸造出来的[⊜]，所以这被看作最初的货币。

⊖ 引自《世界金融史》(板谷敏彦著)，已由机械工业出版社出版。
⊜ 狭义上认为货币指硬币等由实物制造出来的钱币，但一般来说货币语义更为宽泛，指钱币、通货等。

另外，在历史上同一时期，中国也出现了农具、大刀形状的青铜货币。与其说货币的诞生基于某个特定的起源，不如说丰富多彩的文明孕育、发展出了多种多样的货币。

纸币的历史与虚拟货币：货币何以成为货币

11 世纪，中国宋朝发行的交子是世界上已知的最早的纸币。交子是金属钱币的存款凭证，可以随时兑换成指定的金属钱币。后来，这些存款凭证本身也开始被当作货币使用。

值得注意的是，纸币原本是一种存款凭证。现代金融体系主要起源于欧洲，17 世纪，瑞典国家银行的前身斯德哥尔摩银行发行了可兑换铜的纸币。与此同时，英国的民间金匠（Goldsmiths[⊖]）发行了可随时兑换黄金的存单，后来这些存单逐渐被当作货币使用。据说这就是后来的英格兰银行券的前身。

这种以贵金属做担保的纸币被称为**可兑现纸币**。如果某国的货币是可兑现纸币，根据作为等价物的金属的种类不同，可分为金本位制和银本位制。截至 20 世纪上半叶，日

⊖ Goldsmiths 本意为金匠，后来因为很多金匠自称 Goldsmiths，现在已经成为一个姓氏。

本等许多国家采用的是金本位制。

可是现在我们拿着 1 万日元并不能直接兑换为黄金。今天的日元和世界上绝大部分货币一样，已经成为没有贵金属做担保的**不兑现纸币**，可以说只是一张印着金额的纸片。

那么为什么不兑现纸币具备钱的价值呢？

以色列历史学家尤瓦尔·诺亚·赫拉利说，金钱是一种幻想。他的本意不是说金钱毫无意义，而是认为人类有一种独特的能力，可以创造出虚构概念的集体幻影并对其深信不疑，这是人的特质。而金钱就是人类创造出来的集体幻影之一。简而言之，金钱之所以有价值，是因为每个人都相信它的价值。

例如，在日本流通的货币包括日本央行发行的日本银行券（纸币）和日本政府发行的硬币（金属货币）。法律规定了这些纸币和硬币具有货币的作用，它们被称为法定货币。

可是不论法律如何规定这些纸币和硬币可以作为"钱"使用，如果人们不相信它们的价值，它们都一文不值。

关于这一点，历史上曾有个著名的例子：1923 年，第一次世界大战后的德国发生了恶性通胀（hyperinflation），物价飞涨。所谓通胀就是通货膨胀，意味着物价持续上涨。相反如果物价持续下跌就是通缩（通货紧缩）。从" hyperinflation"一词的前缀" hyper"（超级）也可以看出此词原意为超级通货膨胀。

根据估算，当时的德国物价与第一次世界大战爆发前的1914 年相比，最终暴涨了 1 万亿倍⊖。物价上涨就是商品价格上涨，但换个角度来看，这也意味着货币价值降低。当所有人都不认可货币价值时，就会发生恶性通货膨胀。所以即使是法定货币，也只有当大家认可它的价值时才能维持其作为"钱"的价值。

接下来我们稍微离开正题一下，2022 年，大批和虚拟货币相关的企业破产倒闭，曾经涨势冲天的虚拟货币价格也大幅回落。这一连串的变化大概会被认为是虚拟货币的泡沫破裂而被记入历史。虚拟货币的发行，正是促使我们思考"何为货币"这一问题的绝佳材料，这里我想展开谈谈这个问题。

虚拟货币又称加密资产，是一种数字货币，其转账数据

⊖ 引自《金钱何以改变世界：换个角度看历史》，洪椿旭著。

记录在区块链，即计算机网络上的分布式账本。虚拟货币是一种数字代码，它只存在于计算机中，不具有实体形态。最初的虚拟货币——比特币诞生于 2009 年，现在全世界已经发行了多种多样的虚拟货币。

虚拟货币的总市值曾在 2021 年底膨胀至 3 万亿美元（按照当时的汇率约为 340 万亿日元）。如此庞大的价值是从哪里冒出来的呢？

以比特币为例，因为比特币交易[○]具有难以被追踪的特性，所以可以掩盖犯罪资金、逃税资金的去向，有时会被用来洗钱或者进行地下交易。当然，除了这些不可告人的目的，当发生前文中提到的恶性通货膨胀时，本国货币的价值不断减损，为了规避风险，有时也可以将持有的本国货币兑换成比特币。另外在美国的某些地区，可以用比特币购买商品和服务，所以比特币也具备一定的货币价值。

尽管比特币的使用价值有很大的局限性，但其价格却一路攀升，只能说这是一种泡沫。而这种价格的急剧上涨，往往发生在供给受限的情况下。比特币具有严格的发行规则，所以新币的供应非常有限，这也是引发比特币市场泡沫的因

○ 比特币等虚拟货币的交易在我国受到政策监管。——编者注

素之一。从这个意义上说，虚拟货币市场的泡沫主要是投资者们追涨购入的投机行为造成的，与发行新币关系不大。

虚拟货币的总市值一度上涨到 3 万亿美元，虽然是昙花一现，却也是一个严峻的事实。不论虚拟货币本身是否具有价值，只要人们相信它有价值，它就有价值。特别是货币具有幻想性，即"只要创造出大家都承认其为货币的故事，它就会成为货币"。虚拟货币的诞生和之后的浮沉也验证了这一点。

以银行为中介的现代金融体系的成立

前面我们简单回顾了货币的历史，在现代金融体系中，银行作为金钱往来的中介机构，起到了非常重要的作用。人们普遍认为这种以银行为中介的金融功能的发展始于中世纪的意大利。

12 ～ 14 世纪，意大利北部，如热那亚和威尼斯等地中海贸易繁荣的地方，出现了许多货币兑换商。它们从事货币兑换和贸易金融业务，并最终向国家提供贷款。威尼斯被认为是复式记账法的发源地，在这里，用账簿记录金钱往来的金融业务蓬勃发展，这被认为是现代银行的起源。顺便一提，英文单词 bank 源自 banco 一词，意为意大利钱庄中用作记账桌的长条桌案。

如前所述，通过金融交易获取利息自古以来就深深烙印在人类文明中，但同时这也被视为不劳而获，是被鄙视的对象，甚至作为宗教禁忌而被禁止。可是如果不能赚取利息，就没有人愿意出借钱财，经济活动也会停滞不前。

中世纪的欧洲有许多收取利息的放贷者是犹太人。犹太教原则上禁止收取利息，但由于认可"借给外邦人可以取利"，因此有许多犹太人借钱给基督徒。

当前的许多金融机构和投资管理公司的起源与犹太民族有千丝万缕的联系，犹太人在金融界具有举足轻重的影响力，这一现象可能也与上述这一段历史有关。

不过欧洲早期的银行业巨头，如富格尔家族和美第奇家族⊖都不是犹太人，因此，可以看出在文艺复兴之后，收取利息的行为逐渐在基督徒中普及开来。

⊖ 富格尔家族是德国奥格斯堡的巨贾，后来涉足银行业，赚取了巨额财富。美第奇家族在意大利的佛罗伦萨经营银行业务，曾执掌佛罗伦萨的市政大权，美第奇家族的财富推动了整个文艺复兴的进程。

金融左右了霸权的变迁

利息在金融活动中占据了核心地位，但其影响并不仅限于金融活动范围。

在欧洲，16 世纪的西班牙、17 ～ 18 世纪的法国离欧洲霸主的位置近在咫尺，但同时也有荷兰、英国等金融业发达的国家与之对抗。当时，西班牙和法国国土广阔、人口众多，是欧洲的大国，而荷兰、英国人口较少，国家规模远不及西班牙和法国。

可是英国最终实力大增，凌驾于西班牙和法国之上，建立了大英帝国。而恰恰是利息，在霸权的转移中扮演了重要的角色。

当时西班牙和法国这两个大国参与了多场战争，国王为了筹措巨额军费，向很多银行家借款。可是一旦还款遇到困难，这些国王就随意赖账。也许他们认为自己贵为大国国王，拖欠借款只是小事一桩。可是他们欠债不还导致不少欧洲的银行家破产，剩下的银行家担心西班牙和法国的国王会拖欠债务，所以要么不愿意借钱给他们，要么在王室借款时索取高额的利息。

另一方面，1688 年，国力尚不强盛的英国在光荣革命后借金融大国荷兰的帮助，建立起了近代的金融体系和财政制度。这一系列的举措被称为财政革命，这也是英国日后强势崛起的原动力。英国同样需要通过借款来筹措战争费用，但光荣革命后，英国议会执掌了政治权力，同时也以征税权为担保，担负起偿还国家债务的责任，由此还催生了国家发行国债这一制度。如此一来，以国王私人名义借入的债务成了国家有责任偿还的公债。事实上尽管英国后来也面临着还债困难的局面，但一直在努力还款。

因此，英国获得了银行家和投资人的信任，需要支付的利息也大大减少了。英国在光荣革命前的借款利率平均为 10% 以上，到了 18 世纪，即英国与法国征战不休的时候，借款利率已经降了一半左右。正是因为有了强大的筹款能力，英国才能够建设起世界上首屈一指的海军力量；能够与法国这个欧洲大国硬拼到底；能够最终在与拿破仑的痛苦厮杀中获胜。

与此相反，西班牙和法国的利息负担日趋严重，这导致它们在关键时刻无法筹措到必要的资金，导致最终的战败。

此外，荷兰由于疲于与邻国法国作战，在此后的一系列纷争中败落。但荷兰也确实在一段时间内作为全球化经济的先驱而极尽繁荣，这也要归功于金融的力量。

此外，创立于 1602 年的荷兰东印度公司被公认为全球首家股份公司。事实上，荷兰不仅是现代资本主义的起源地，还是当时金融领域最先进的国家，英国进行财政革命时也大量借鉴了荷兰的先进经验。

全球经济的主导权从荷兰转移到英国，最终移至美国，金融领域主导权的转移路径与此完全吻合。

现代的利率变迁

在介绍利率历史的尾声，我想谈谈现代利率的走势。图 1-1 展示的是给全球利率带来巨大影响的美国利率的走势，作为对照也列上了日本利率的走势。本书第三章将介绍各种各样的利率，图 1-1 所示利率为 10 年期国债收益率。

利率在短期内不会有巨大的变化，但长期来看还是有很大的涨跌起伏的。

这里需要注意的是，20 世纪 70 年代到 80 年代初期，美国的利率大幅提升。20 世纪 70 年代，美国经过两次石油

图 1-1　日本、美国 10 年期国债收益率走势图（1962—2022 年）
资料来源：日本财务省、雅虎财经。

危机后陷入了通货膨胀。通货膨胀一旦开始就很难回落，往往越来越严重，待发展到无法收拾的境地，会给经济和民众的生活带来巨大的打击。为了击退通胀，美国从 1979 年开始实行前所未有的紧缩性货币政策。

当时担任美联储主席（相当于美国央行行长）的是保罗·沃尔克，他因誓与通胀斗争到底的强硬决心而被称为"通胀斗士"。他所推行的激进的货币政策影响了全世界，导致了全球经济的衰退和停滞。但沃尔克不为所动，坚持对通胀"零容忍"的态度。最终，20 世纪 80 年代中期以后通胀势头放缓，利率也趋于平稳。

这一时期对于美国和全世界的经济而言都是一段痛苦的时期。但也正是因为这一时期坚定地与通胀做斗争，迎来了90年代以后的低通胀时期，美国经济也实现了稳步增长。

另一个需要关注的事实是，20世纪80年代中期以后，虽然利率在短期内有上下波动，但长期来看呈现了一路走低的趋势。关于这一点在后文中会有详细论述，总之随着经济全球化、低通胀等世界经济形势的巨大变化，利率在很长一段时间内持续下降。

总而言之，利率波动的大趋势背后总是能看到经济结构的重大变化。因此，了解利率的历史就是了解经济结构变化的历史。

不同国家、不同货币的利率各不相同，但就波动方向而言，全世界的利率往往是同向变动的，而美国的利率是变化趋势的核心。每个国家的利率水平都是在以美国利率为起点的全球利率波动的基础上，叠加本国特殊因素而变动的。

在过去的40多年里，日本一直处于长期的利率下降趋势中，这反映了日本独特的国情。日本的经济泡沫在20世纪 90 年代破灭，此后日本的经济增长率大幅下降。伴随泡沫破灭的是股票和房地产等资产价格的下跌，这导致了日本跨过低通胀，直面通货紧缩危机。而当时日本的货币当局担心泡沫和通胀压力卷土重来，迟迟未能出台扩张性的货币政策，有观点认为这导致了被称为"失去的 20 年"的长期经济停滞。

与此同时，似乎是担心日本经济长期停滞不前，利率水平也急剧下降。然而由于日本的利率原本就处于较低水平，因此利率很快就降到了 0% 左右，很难进一步下降。

另外，美国的利率⊖迅速攀升，而日本的利率并未追随上升趋势。这一问题我将在后面的章节中详细讨论。从结论来说，造成这一现象的主要原因还是日本经济和货币政策的独特性。

日本的利率水平与以美国利率为基础的全球利率的波动保持一致，但同时也受到日本特有因素的影响。因此，要了解日本的利率情况，需要从这两个方面进行分析。

⊖ 本书日文原书写于 2022 年。——编者注

第三节　利率的三个作用

如前所述，利率用于计算利息，即钱的租借报酬，这是利率最基本的用途。不过利率还有其他重要的作用。

例如，银行在放贷时，其中一个关键因素就是以多高的利率贷出。自然，银行希望以尽可能高的利率放贷，因为利率越高，银行的利润就越多。换言之，利率是放贷者判断获利水平的标准。

下面我将介绍一个简单的数学公式。可能很多人一看到数学公式就感到头疼，但想要了解利率，就不可避免地需要进行一些计算。不过这里出现的都是非常简单的计算，大家尽可放心。

首先，利息的计算公式为：

$$本金 \times 利率 = 利息$$

当然，实际上利息的计算还需要借贷期限的信息，此处为了帮助大家理解基本概念，就简化了计算过程。

如果我们知道本金和利息的金额，也能推导出利率：

利率 = 利息 / 本金

如果将上面这个公式的内容转换成基于投资者立场的术语，就会变成下面这个公式：

收益率 = 收益 / 投资金额

收益率是在投资金额及未来收益已知的前提下，计算出来的二者之间的比率，目的是衡量盈利能力，为判断是否应该进行投资提供依据。例如，下文中多次出现的债券是企业及国家融资的重要途径，债券的具体收益一般是已知的。投资者通过计算收益率来判断投资债券是否能带来足够的收益。

债券收益率是一种为确定债券投资盈利能力而计算的利率，因此债券收益率也可称为债券利率。

此外，收益率的计算方法同样适用于股票投资或公司的商业计划。

前文中提到的利率计算公式还有别的变换方式，因为无须特别记忆，所以这里也不再列公式，大家只需记住此变换的核心是未来收益的金额和利率已知的情况下，可计算出本金的金额。也许有人认为本金金额无须计算，但若将本金金额换为价格，则这个新公式的意义就在于：确定了未来收益的金额和目标收益率，可以决定以什么样的价格投资，而这正是利率的第三个作用。

例如，在一定的利率水平下，利率可以用来计算债券等金融产品的价格。另外，在投资租赁用的房产时，可以根据预期的租金收入和目标回报率来计算投资金额。这种计算通常被称为**现值计算**，现值计算中的未来预期收益率被称为**折现率**。

虽然折现率在本书中出现的次数不多，但它在更专业的金融实践中是一种非常重要的利率运用手段。

总结一下，利率有三种作用：（1）计算利息；（2）确定投资的盈利能力；（3）计算合理的投资价格。目前只是简单罗列了利率的主要作用，大家可能觉得不够直观，相关内容在后文中会进行详细论述，现阶段只需记住"利率有多种用途"。

第四节 利率虽然低调，但至关重要

一般而言，利率给人比较低调的印象。这有几个原因，一个原因是利率往往数值非常小。例如，在作者撰写本节内容时，10年期日本国债的收益率约为0.5%，即0.005，这是一个非常小的数值。而另一个原因可能是利率在经济类新闻中鲜少被提及。

然而，这些并不意味着利率可以被忽视。首先，虽然利率体现出的数字很小，但这只是就比率而言，而非金额小。

一般情况下，和我们个人最息息相关的利率当属房贷的利率。在日本，新建房产的平均贷款额约为3 000万日元。日本正处于超低利率阶段，所以房贷利率也很低。但如果贷款的本金金额大，利息的金额也不容小觑。

另外，正如前文中提到的，日本国债的收益率也处于历史最低水平，但日本有约1 000万亿日元的未偿还国债。虽然股票市场的总市值会随时间有很大波动，但日本股市的总市值大致为700万亿日元。与股市相比，我们不难看出债券市场的规模有多么庞大，而这意味着债券的利息总额也很大。

此外，利率水平因时间不同而有很大差异。日本目前的超低利率导致人们对利率缺乏兴趣，但情况未必总是如此。如前文中所述，2022年美国的利率大幅上升，其中30年期的住宅抵押贷款利率从年初的3%飙升到10～11月的7%以上，这给美国国民的家庭财务状况带来了巨大的影响。同一时期，10年期美国国债的收益率也从1.5%最高上升到4.2%左右。以日元计算，美国的未偿还国债总额超过3 000万亿日元，利率的大幅波动势必带来很大的影响。所以说，美国利率的上升是当前全球经济形势动荡的一个重要因素。

接下来谈谈为什么利率问题很少在经济类新闻中登场。虽然与我们现在谈论的美国利率的情况有些相反，但事实上与股市或汇率相比，利率通常变化不大，因此利率往往不具有话题性。这导致熟悉股市的媒体记者远多于熟悉利率的媒体记者，自然对利率的报道少。而当美国利率急剧变动这一经济领域的大事件出现时，由于平时利率很少被报道，媒体在开始报道利率的相关新闻时往往显得不知所措，报道的内容也含糊其词。这又让受众普遍感到利率相关的新闻报道晦涩难懂。

由此可见，利率的不温不火，甚至在某种意义上的乏味并非因为利率不重要。相反，利率非常重要，但不知何故往往被敬而远之。了解利率，我们就能看清很多以前被忽视的东西。在接下来的章节中将具体介绍有关利率的各方面知识。

第二章

利率的计算方法

第一节 决定利率的各种因素

关于利率有许多不同的规定。这些规定虽然有些复杂，但有必要了解一二。首先我们来看看利率的表示方式。

利率基本上是以每年的百分比（%），即年利率来表示的，而无须考虑实际的计息时间长短。无论计算一天、三个月还是十年的利息，利率都以年利率表示。以年利率表示的优点是易于与其他交易及产品进行比较。在统一计息期限的前提下，即使各种交易或产品实际的交易期限不同，也可以比较利率的高低。

在日本，有一种以 100 日元本金的 1 日利息额来表示利率的方法，称为"日息"，如今大多数人如果听到"日息1 钱 5 厘 4 毛⊖"，大概是无法轻易辨别利率高低的。由于许多金融交易的持续时间相对较长，因此在计算时"年均"比"日均"更实用，而且也是大多数人常用和熟悉的表示方法。此外，利率用百分数表示也更为合适，而非连日本人都知之

⊖ 此处的钱、厘、毛指日本的计息单位。此处的日息换算成年利率为 5.621%。

甚少的"钱"或"厘"。

如果利率用年利率表示，那么在计算实际利息额时就必须考虑计算周期。例如，假设本金为100万日元，计息期为6个月，利率为5%。简单地将本金乘以利率，就可以计算出一年的利息，这里需要计算的是半年的利息，如果我们将半年表示为1年的1/2，则计算如下：

$$100 万 \times 5\% \times (\boxed{1/2}) = 25\,000（日元）$$

毋庸置疑，每次支付利息时都要计算利息，如果借款期限是10年，承诺每半年支付一次利息，那么就需要每半年计算一次利息。

上面的公式中阴影部分"1/2"表示计息期，事实上关于计息期有许多不同的计算方法。尤其因货币或交易发生地不同，计算惯例也往往迥异，需要仔细确认，否则将无法准确计算出利息金额。下面介绍一些常用的计息期计算方法。

上述的例子中把半年作为1/2代入计算，是债券计息中较为常见的方法。但是对于债券以外的情况，即普通的货币借贷中，日本最常用的方法是用利息计算期的实际天数除以365。一般而言，此种计算方法用"A/365"或"Act/365"

来表示。[○]其中"A"和"Act"是"actual days"的简称，指实际天数。

若根据实际天数计算利息，则需要知道计息的起止日期，计算这两个日期之间的天数。例如，从 2022 年 3 月 22 日至同年 9 月 22 日为 184 天。直接计数比较烦琐，可以使用 Excel 等具有日期函数功能的计算软件，计算"计息终止日 – 计息首日"这一减法算式即可。如果一年为 365 天，上述的利息金额计算如下：

$$100 万 \times 5\% \times (184/365) = 25\,205 (日元)$$

另外以日元计息，出现零头时，习惯上是四舍五入到 1 日元，1 日元以下不计。

这里介绍的计算利息天数的方法称为单边计算。为了便于理解，我们举一个较短的计息期间的例子。假设计息的首日是 9 月 21 日，9 月 22 日为终止日，单边计算将计息日算为 1 天，即计息的首日和终止日只计入其中一个。此外，还有一

○ 即使是债券常用的"半年为 1/2"这样简单的计算方法，也要考虑到出现零碎期间时如何计算等问题，进而附加一些详细的规定。而以实际天数计算计息期也有多种计算方法，如无论闰年与否，都以 365 天为分母；闰年以 366 天为分母；任何年份都以 360 天为分母等。

种极少使用的双边计算法，将计息的首日和终止日算作 2 天。

如果 9 月 21 日借钱，9 月 22 日还钱，通常认为借钱的时间为一天。对于贷款方来说，21 日借出的钱不能使用，但 22 日归还的钱可以使用，因此通常只能得到 1 天的利息。从这个角度而言，单边计算是计算利息天数的常用方法，而双边计算意味着重复收取了 1 天的利息。

最后介绍一下利息的预付和到付（到期支付）。一般而言，利息都是到期支付的。利息是在一定时期内借款的租借报酬，在借款期结束时支付即为到期支付。如果借款期限较长，在到期日利息会达到很高的金额，这种情况下往往会约定一个固定的付息日，如每半年支付一次利息。每次计算半年期的利息，并在计息期间的最后一天支付。

不过，在极少数情况下也会采取预付利息的方式，即在开始计息时支付利息。与常见的到付相比，预付对贷款方有利，而对借款方不利。对借款人而言，虽然两种方式下要支付的金额相同，但采用预付方式必须提前准备支付利息的款项。

因为存在双边计算、预付利息等情况，因此借款时需要仔细确认计息期间、付息方式等内容。

第二节　单利和复利

上一节介绍了利息的各种计算规则，本节将介绍两种截然不同的利息的基本计算方法：单利和复利。

单利是此前的章节中介绍的计息方法，用本金乘以利率和计息期间来计算利息。而复利的计算方法则比较特殊，下面将详细介绍。

世界上大多数金融交易和金融工具都采用单利计息。有些银行有采用复利计息的定期存款，日本的邮政储蓄银行还推出了复利计息的定额存款，这些都属于比较特殊的计息方式。

此外，如前文所述，利率不仅可以用来计算利息，还具有评估盈利能力和计算金融产品理想价格的功能。虽然在计算利息时一般按单利计息，但在评估盈利能力或为金融产品定价时，往往会以复利的方式进行计算。其中的原因我们稍后讨论，但请记住：若要扩大利率的使用范围，就必须理解复利的概念。

简单地说，复利是一种计息方式，在这种计息方式中，不直接支付一定计息期间产生的利息，而是将利息加到本金中，以此作为下一计息期间的本金。复利的利息是累计计算的，通常在偿还本金时，也就是到期时一次性支付。下面我们来看一个复利计算实例。

假设借款本金100万日元，借款期限3年，利率5%，利息按年复利计算。在复利计算中，必须首先确定复利计算的固定期限，在本例中为"年"。

第1年的计息期为1（年），利息计算如下：

$$1\ 000\ 000 \times 5\% \times 1 = 50\ 000（日元）$$

此阶段复利与单利的计算没有区别。不同之处就在于第1年的50 000日元利息并不支付，而是计入下一年的本金。因此第2年的利息为：

$$1\ 050\ 000 \times 5\% \times 1 = 52\ 500（日元）$$

同样，第2年的利息也继续计入下一年的本金。因此，第3年的利息为：

$$1\ 102\ 500 \times 5\% \times 1 = 55\ 125（日元）$$

3 年后到期时，利息总额为 157 625 日元。如果按单利计息，利息是 3 个 5 万日元，共计 15 万日元，复利计息的利息总额略高一些。

上述的复利计算过程有些烦琐，实际上有更为简便的计算方法。还是以目前的情况为例，第 1 年的初始本金 100 万日元在一年后加上 5 万日元利息，增加到 105 万日元，即本金变为 1.05 倍。第 2 年计息起始时的 105 万日元本金，在一年后增加到 110.25 万日元，同样变为 1.05 倍。最后一年依然变为 1.05 倍。也就是说，本金和利息的总和（本息合计）每年都变为上一年的 1.05 倍，因此 3 年后，本金和利息的总和应该是第一笔本金 3 次乘以 1.05。

$$1\ 000\ 000 \times 1.05 \times 1.05 \times 1.05 = 1\ 157\ 625（日元）$$

从得数中减去初始本金 100 万日元，就可以计算出利息总额。

算式中的"1.05"可以理解为"1+ 利率"，如果用 r 表示利率，用 n 表示计息年数，则可以简化为下面的公式：

初始本金 $\times (1+r)^n =$ 到期时的本息总额

第三节　各种各样的复利*

在上一节中，我们讨论了一个按年计算复利的例子，即**年复利**计算。但是，复利计算期并非只能是 1 年。如前文提到过的定额存款就以半年为周期计算复利，即**半年复利**。如果将半年直接看作 1 年的 1/2，则半年的利息为：

$$本金 \times 利率 \times (1/2)$$

以半年为周期计算复利的情况下，半年后上面算式计算出的利息会加入本金，即本金将变为初始本金的"1+ 利率 × (1/2)"倍，每年乘以 2 次该倍数（2 次方），3 年则乘以 6 次（6 次方）。因此，以半年为周期计算复利，到期时的本息总额为：

$$初始本金 \times [1+r \times (1/2)]^{2n} = 到期时的本息总额$$

与 r 相乘的"1/2"中的分母"2"，以及括号外侧幂指数部分中与 n 相乘的"2"，均表示每年复利计息的次数。以半年为周期计算复利的情况下，每年复利计息 2 次，因此上述算式中这个数字是"2"。

由此，复利计算可以进一步用以下的公式表示，其中 m 是 1 年中复利计息的次数。

初始本金 × $[1+r×(1/m)]^{mn}$ = 到期时的本息总额

如果每月复利计息，m 即为 12。

下面的内容会比较抽象，如果不感兴趣大可跳过此部分。上面的计算公式中 m 指年复利次数，m 可以越来越大，接近无穷大。复利次数接近无穷大可以想象为每时每刻都在持续进行复利计算。这似乎是现实中很难看到的场景，但大家不用过多考虑，这只是决定如何计算复利的问题，能让相关的复利计算变得更加简单，在学术界也很常用。如果今后学习金融理论，可能会频繁接触到这种被称为**连续复利**的复利计算方法。

现在，当 m 趋近于无穷大时，我们可以借助"自然对数的底数"，又被称为"纳皮尔数"的神秘数字 e，用 e^{rn} 来计算"$[1+r×(1/m)]^{mn}$"的值。

很难用语言解释 e 具体是什么值，它是数学中的一个

无理常数，等于 2.718 28……。e 和圆周率一样，是一个神
秘的数字，出现在数学的各个领域中，能简化一些复杂的
计算。

计算 2.718 28……的 mn 次幂似乎相当复杂，但 Excel
等软件中有专用的函数[⊖]，计算起来其实非常简单。

⊖ 计算 e^x 只需使用 Excel 中的 EXP 函数，即 "=EXP (x)"。

第四节　复利的魔法

复利的概念在资产运营领域也非常重要。当我们谈到"复利投资"时，指的是尽可能地对某一投资对象进行长期投资，并在每次获得利息、股息或投资收益时将其计入本金，继续投资。与此相反，将投资过程中产生的收入随时取用的方法被称为单利投资。

美国有一位非常著名的股票投资家，名叫沃伦·巴菲特。他是世界上最富有的人之一，凭借一己之力积累了高达十几万亿日元的资产，可以说是全球最著名的投资家。据说在长达60～70年的时间里，他的投资年均收益率超过20%。而更重要的是他一直秉承复利投资的理念，进行长期投资，将投资过程中产生的收益进行再投资。

实际上，因为股息收入和出售股票的收益都要纳税，所以不存在百分之百的复利投资。不过可以通过尽可能长期持有股票来减少税款，因为即便股票升值，只要长期持有而不出售，也不会被征税。此外，除去缴税尽量不提取资金，将收益作为投资的本金。在此，我们暂且不考虑缴税问题，只考虑如果年收益率为 25%，并复利计算 60 年，那么本息总额会变为多少。

这个问题的答案用前文中的复利计算公式很容易算出，即初始本金的（1+0.25）^{60} 倍，计算结果是 652 530 倍。如果初始本金是 100 万日元，60 年后将增至 6 500 亿日元左右。

巴菲特的实际资产高于这个数字，所以他投资的初始本金可能更高一些，但无论如何，这都是一个巨大的数字。长期的复利投资会产生非同寻常的结果，巴菲特将此称为"复利的魔法"。

当然，在数十年内获得超过 20% 的年均收益率是极其困难的，但事实上在此期间，美国股市整体的年均收益率约为 10%。因此，如果一个现年 60 岁的普通美国人在 40 年前，也就是他 20 岁时，用 100 万日元的资金投资股票指数型金融产品，并持续进行复利投资，经过简单计算可知，现在本息总额将是初始本金的 45 倍，本息合计将达到 4 500 万日元。若不与巴菲特相比，这样的成就已然遥遥领先。复利的魔法不仅适用于巴菲特这样的大投资家，普通人亦能从中获益。

从某种意义上说，复利的魔法是显而易见的：年收益率越高，投资期限越长，复利投资的效果就越明显。例如，如果年收益率为 12%，初始本金 100 万日元在 40 年后将变成 9 300 万日元，比 10% 年收益率的情况翻一番。如果投资期为 50 年，即使年收益率为 10%，最终也能达到 1.17 亿日元，而如果年收益率为 12%，持续 50 年复利投资后将增至 2.89 亿日元。复利的神奇之处在于微小的差别就能带来巨大的结果差异（见图 2-1）。

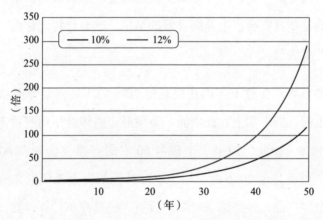

图 2-1　年收益率 10% 及 12% 情况下的复利投资收益（本息合计）

　利息的故事：利率背后的金融世界

第三章

各种各样的利率

第一节　政策利率、市场利率、其他利率

事实上利率有很多种，我们在谈到利率相关的话题时，首先要明确自己说的是哪种利率。在本章中，我们将从几个不同的方面来了解利率的种类。

首先，从由谁决定利率、如何决定利率的角度来对利率分类。

例如，存款和房贷的利率是由谁决定的？在日本，这是由提供这些金融服务的金融机构决定的。换句话说，这些利率是由金融机构决定并被客户接受的。

当然，即使利率由金融机构决定，也并非全然由各个金融机构自行决定。客户可以比较多家金融机构提供的利率，并从中做出选择。因此，若金融机构提出明显不利于客户的利率，无论它的名气多大，服务水平多高，都难免无人问津，这家机构最终不得不修改其条款和条件。反之，若金融机构提供的利率对客户过于有利，这家机构恐怕也难以经营下去。

企业等其他实体向银行借款时如何确定利率呢？在这种情况下，利率没有统一的标准，根据具体情况确定。尤其当客户是大企业时，客户有很强的议价能力，亦能强烈反映自己的意愿。此时可能会有几家金融机构进行竞争，客户可选出条件最好的一家。企业贷款也是由金融机构提出与利率相关的条款和条件，并被客户所接受，这一点与个人贷款无异。

　　总之，这些由金融机构决定并被客户接受的各种利率都有一个基本的标准区间。例如，值得信赖的大型金融机构的存款利率几乎是一样的，房贷利率可能也相差无几。至于企业贷款的利率，其条款和条件是根据具体情况确定的，可能会有某家金融机构出于发展客户的动机，敢于提出对己方非常苛刻的条款和条件。但即便如此，利率水平也不会有太大差别。那么，利率水平是由谁决定的，又如何被决定呢？

　　利率水平是由市场决定的。在后文中会介绍各种各样的和利率相关的市场，其中之一是短期金融市场。金融机构每天在这里根据资金的盈余或不足，开展同业拆借等业务。短期金融市场的交易中呈现的利率，既是金融机构在资金富余时的投资收益，也是金融机构筹集资金来弥补房贷资金短缺时付出的成本，因此存款和房贷的利率不可能偏离这一利率水平。

因此，存款利率和贷款利率是根据市场确定的利率（一般称为**市场利率**）和各金融机构的必要成本与利润确定的。一般来说，存款利率是在市场利率的基础上降低几个基点，贷款利率则是在市场利率的基础上上浮几个基点。

那么市场利率作为存、贷款利率的基础，又是如何确定的？市场利率是市场交易的一个条件，它主要由市场的供求平衡决定。如果市场上想借款的人多，想放贷的人少，则对放贷方有利，利率水平上升。如果想借款的人少，想放贷的人多，则情况相反，市场对借款方有利，利率水平下降。

然而，利率市场在一定程度上受到中央银行的调控，在日本，中央银行即日本银行（简称日银）。中央银行有权实施货币政策以稳定经济和物价。央行有多种调控手段，但最典型的是将市场利率中某些特别重要的特定利率引导至央行所期望的水平。在这种情况下，该特定利率的目标水平或受调控的特定利率被称为**政策利率**。现在，如果我们反向推导，会更容易理解利率间的传导机制：

政策利率→（⇄）市场利率→其他利率

（存款利率、贷款利率……）

其中政策利率是起点，它影响市场利率，而市场利率又决定其他利率。政策利率和市场利率之间为双向箭头，表明市场形成的利率水平会影响中央银行的决策，从而影响政策利率。第五章中将对此进行更详细的探讨。

第二节 政策利率

如上一节所述，政策利率非常重要，是决定全球各种利率水平的关键利率。因此，它的变动会对整个经济产生重大影响。即便经济类新闻平时鲜少报道利率相关的内容，每当政策利率发生变动时也会纷纷报道。提高政策利率是**紧缩性货币政策**的主要手段，目的是抑制经济过热，避免通货膨胀；而降低政策利率则是**扩张性货币政策**的主要手段，目的是刺激经济，支持经济增长。

由于政策利率至关重要，因此不能全盘托付给私营机构来做决定。然而，若由政府决定政策利率，政治方面的考量往往会使其产生降低利率的强烈动机。这是因为低利率具有刺激经济的作用，政府可能会希望通过降低利率、刺激经济来提高自身的支持率。然而，低利率有诱发通货膨胀的风险，如果通货膨胀不断上行，就会对人民的生活造成不可估量的影响。

因此，至少在主要的工业化国家中，中央银行有权决定包括政策利率水平在内的货币政策，并在一定程度上独立于政府。虽然中央银行独立于政府实施货币政策的程度因国家和时代而略有不同，但这种结构和性质被称为**中央银行独立性**。

中央银行是负责发行货币，制定和执行货币政策的特殊银行。以日本为例，日本的中央银行是日本银行（日银），日银50%以上的股份由政府持有，并被法律赋予特殊的权力。从政府拥有日本央行多数股权这一事实可以看出，日本央行并非完全独立于政府，日本政府任命央行行长等主要领导，同时也认可央行在货币政策决策方面拥有一定程度的独立性。

政策利率在不同国家也有不同的模式。

在美国，联邦储备制度为中央银行制度，其中联邦公开市场委员会[⊖]（The Federal Open Market Committee，FOMC）负责制定货币政策。该委员会每年召开八次会议，为**联邦基**

　⊖　美国的中央银行制度体系整体被称为联邦储备系统（Federal Reserve System，FRS 或 Fed），由联邦储备委员会（Federal Reserve Board，FRB）和 12 个地区性联邦储备银行（Federal Reserve Bank，FRB，联储银行）组成。联邦储备银行是执行中央银行业务的机构，由理事会负责监督管理。理事会主席就是央行行长，一般被称为美联储主席。理事会的所有成员和部分联邦储备银行行长担任 FOMC 成员并制定货币政策。

金利率这一重要的短期市场利率设定指导目标。联邦基金利率就是美国的政策利率。

联邦基金利率是美国同业拆借市场的利率，即银行间在市场上借贷资金以调节资金余缺的交易利率。此项交易期限只有一天，今天借，明天还，交易利率称为隔夜拆借利率（通常缩写为 O/N）。此外，借贷中有些交易需要担保[⊖]，有些无须担保，此拆借交易属于后者。

虽然日本现在的政策利率与美国略有不同，但日本也曾采用过美国式的政策利率。

在日本有一个主要供银行之间借贷短期资金的同业拆借市场，其中隔夜拆借交易最为活跃，在货币市场上具有非常重要的地位。在日本的同业拆借市场上，无担保交易非常普遍，该市场的核心交易是**无担保隔夜拆借交易**。可以说日本的无担保隔夜拆借交易利率与美国联邦基金利率的作用完全相同，以前日本央行为无担保隔夜拆借交易利率设定了一个指导目标，并将此作为政策利率。

⊖ 担保是债务人预先存放在债权人处的财产，用于在借款人无法偿还借款时抵充还款。例如，房产一般被当作房贷的担保，而债券和其他证券则是金融市场上常用的担保。

然而，日本目前[⊖]采用的政策利率略有不同。

目前，日本央行对商业银行存入**日本央行活期账户**的部分存款余额收取 −0.1% 的利率，这是日本目前主要的政策利率。

日本央行也被称为"银行的银行"，商业银行在日本银行开立账户，以便在银行之间转账。此外，基于保护存款人的存款准备金制度，商业银行必须将其存款的一定比例作为存款准备金缴存央行。日本央行活期账户兼具上述两种功能，而当账户余额超过一定水平[⊖]，则实行负利率，收取利息。负利率意味着存款人必须支付利息，这就是为什么说负利率意味着向储户（商业银行）"收取"利息。

日本当前的货币政策通常被称为负利率政策，这里的负利率指对日本央行活期账户的部分存款余额实行的负利率。

上面介绍的是日本目前的主要政策利率，其实日本央行

⊖ 本节信息截至 2022 年 12 月底。

⊖ 日本央行的活期账户余额按利率分为三个层级：按 +0.1% 计息的基本余额、不计息的宏观附加余额，以及超过前两者之和的部分，即政策利率余额，这部分余额适用负利率。

还调控另一种利率。日本央行将 10 年期日本国债收益率这一长期市场利率的指导目标设定为"接近 0%"⊖，这是全球罕见的调控模式。

根据传统的货币政策常识，中央银行实施货币政策的方式是影响极短期的市场利率，而由债券市场决定的长期利率则在市场交易中自然形成。人们普遍认为，即使中央银行干预债券市场，也很难将长期利率保持在目标水平。然而，日本央行为长期利率设定了目标水平，并通过在必要时无限制地购买国债这一强力手段来干预市场，从而使长期利率处于其控制之下。

这种将日本央行活期账户利率和 10 年期日本国债收益率这两种政策利率结合起来的方法被称为**收益率曲线控制**（yield curve control，YCC）。收益率曲线是一个非常重要的概念，在后文中将详细介绍。

下面再简单介绍一下欧元的政策利率。欧元是欧盟（EU）20⊖个成员国作为法定货币共同使用的货币。虽然也有

⊖ 日本央行对 10 年期日本国债收益率的指导目标设定了允许变动范围上限，2022 年 12 月将允许变动范围从此前的 ±0.25% 上调到了 ±0.5%。

⊖ 自 2023 年起，克罗地亚加入了欧元区，使用欧元的国家数量达到 20 个。

欧盟成员国并未将欧元作为法定货币，但德国、法国、意大利、西班牙和荷兰等许多欧盟主要国家都加入了欧元这一货币体系。

欧洲中央银行（ECB）负责欧盟欧元区的金融与货币政策，欧元区各国的中央银行现在作为货币政策的执行机构，被置于欧洲中央银行之下。

目前，欧洲中央银行采用多种利率作为其政策利率，具体有以下3种：商业银行在中央银行存款的附加利率（存款便利利率）、商业银行通过每周1次的竞价从中央银行融资1周的利率（主要再融资利率）、商业银行在紧急情况下从中央银行融资1天的利率（边际贷款利率）。

欧洲中央银行通过调控这3种利率，对同业拆借这一短期货币市场交易的利率水平产生重大影响。例如，存款便利利率就是把钱存在欧洲中央银行的存款账户上所获得的利率，因为没有必要将贷款利率降低到存款便利利率以下的水平，所以这一利率是市场交易利率的下限。反之若临时资金短缺，可以按边际贷款利率向欧洲中央银行融资1天来渡过难关，因此不必以高于边际贷款利率的利率水平向他方借款，这一利率就是市场利率的上限。而在货币政策中起核心作用的是主要再融资利率，它被定位为政策利率的核心。

要记住各个国家具体的政策利率并非易事，但抛开细节不谈，我们只需要了解因国家、货币，以及时间和具体情形的差异，政策利率有不同的类型即可。最重要的是：无论政策利率具体以何种方式呈现，其核心都是中央银行调控重要的市场利率，以此影响其他各种利率水平。

第三节　市场利率

各种市场利率

市场利率是市场的参与者在金融市场交易时自然形成的利率。与利率有关的市场有很多，因此有各种各样的市场利率。

前面提到的**同业拆借市场**，是以银行为主的金融机构之间相互借贷短期资金的市场，从交易期限上看属于**短期金融市场**；而从市场参与者的角度看，因为银行是交易的主要参与者，所以属于**银行间市场**（the inter-bank market）。此外，在金融交易中，短期指交易期限在一年或一年以内。同业拆借市场在日语中叫"コール市場"，世界各国都有这一市场。

此外还有其他一些短期金融市场，其中最重要的是**回购协议市场**。回购协议⊖是主要以债券为质押进行的资金融通交易。借款方提供债券作为质押，还钱时收回债券。从贷款方的角度看，回购协议是一种安全的交易，无法收回借款的风险很低。因为如果借款方不还款，贷款方可以出售作为质

⊖　回购协议的英文名称为 repurchase agreement，简称 Repo。

押物的债券，收回资金。回购协议交易的利率通常被称为回购利率。回购协议市场中参与交易的多为投资者，因此回购协议市场被定位为**公开市场**。

回购协议原本是一种国际上的交易制度，以债券为质押进行资金借贷的交易形式在日本被称为附带回购条件的债券交易。换言之，回购协议合同上写明融资方先出让债券，期满后以事先约定的价格进行回购，或进行反向交易。正如上一段中所述，回购协议交易的实际经济效应可以理解为以债券为质押进行资金的融通交易。

在日本，回购协议交易体系比较复杂，有两种交易形式：债券借贷交易和债券回购协议交易。

前者是日本特有的交易形式，体现为债券的借贷合同，当以现金为质押时称为现金质押债券借贷交易。这与以债券为质押的融资交易本质上并无太大区别，不必特别拘泥于措辞。而第二种交易形式——债券回购协议交易则是附带回购条件的债券交易，与国际上的回购协议交易相同。

过去，日本在买卖有价证券时要征收证券交易税，在签订债券买卖合同时，即使交易的实际目的为借贷资金，也要征收证券交易税。在这一情况下日本先是发展了特有的债券借贷交易，后来才引入了国际上更为通行的债券回购协议交易。这段历史背景导致了两种交易制度的并存，但除了一些小细节，两者具有相同的经济效用，共同构成了日本的回购协议市场。

除了这些短期金融市场，还有一些长期金融市场，长期金融市场上的融资期限大多超过一年。长期金融市场也有几种类型，其中最具代表性的是**债券市场**。

债券是政府和企业为筹集资金而发行的有价证券，资金流动的形式是投资者借钱给发行债券的政府和企业。债券与普通借贷的主要区别是投资者的贷款方身份可以自由转让给其他投资者，可以说债券是一张可以买卖的借据。

债券市场是转让贷款方身份，即转让债权的场所。在债券市场上，虽然也有期限在一年以下的交易，但债券市场的主要特点是交易期限总体较长，例如在日本交易期限最长可达 40 年。债券市场中长期交易形成的利率水平被称为长期利率。[⊖]

债券交易与利率之间的关系是理解利率的关键，对此下

⊖ 另一种长期利率是在利率掉期市场上形成的掉期利率（swap rate），属于衍生工具。

一章将详细论述。

如图 3-1 所示，债券市场按发行主体分为几类。其中，市场规模最大、最重要的是国家发行的国债。其次是工商企业发行的企业债券（公司债券）。大部分企业债券是相对知名的大公司发行的，发行债券是这些公司长期筹集大额资金的重要手段。

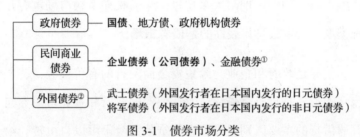

图 3-1　债券市场分类

①此处的金融债券指金融机构遵循特定的法律法规发行的债券。金融机构发行的其他债券归类为企业债券。
②本节列出了非日本居民在日本国内发行的债券的细目。外国债券还包括在日本境外发行的欧洲日元债券。

美国国债形成了世界上最大的债券市场，美国国债的英文为"Treasury"，意思是（美国）财政部证券。"Treasury"本意为（美国）财政部，这是美国国债的发行机构。美国国债可分为：（1）以零息债券⊖形式发行、期限为 1 年或 1 年

⊖ 属于不明确计息的债券，明确计息的债券则称为附息债券，对此第四章将详细论述。

以下的短期国库券（Treasury bill，T-bill）；（2）以附息债券形式发行、期限为1年以上10年以下的中期国库票据（Treasury note，T-note）；（3）以附息债券形式发行、期限为10年以上的长期国库债券（Treasury bond，T-bond）。美国国债是这些债券的总称。

日本国债也有类似的分类：（1）以零息债券形式发行、期限为1年或1年以下的短期国债（短期国库券）；（2）以附息债券形式发行、期限为2年或5年的中期国债；（3）以附息债券形式发行、期限为10年的长期国债；（4）以附息债券形式发行、期限为10年以上的超长期国债。

日本国债的英文名称为"Japanese Government Bond"（日本政府债券），在债券市场上一般被简称为"JGB"。在债券市场上各国国债大多使用简称，如德国国债为"Bund"[⊖]，英国国债为"Gilt"。

广义上的**长期金融市场**还包括股票市场，股票市场的交易与资金借贷有所不同，因为股票没有到期日，所以股票市场可以说是一个没有期限限定的融通资金的市场。长期金融

⊖ 准确地说，德国国债根据发行期限的不同也有多种名称，Bund 指 10 年期和 30 年期的债券。

市场又称为**资本市场**，包括债券市场和股票市场。金融领域中资本市场一词更为常用，即英语中的"capital market"。

不论是债券市场还是股票市场，资本市场都由**发行市场**（**一级市场**）和**流通市场**（**二级市场**）组成。一级市场是新发行债券和股票的市场，发行方主要在这个市场上融资。二级市场是投资者之间自由交易已发行债券和股票的市场，正是在二级市场上形成了利率水平和股价水平。

二级市场是投资者之间进行交易的场所，因此无论债券或股票的价格在这里上涨多少，对发行方都没有直接影响，只有持有证券的投资者才能从价格上涨中获益。不过，在一级市场发行新债券和股票时会参考二级市场的交易情况来确定相关条件。因此，在二级市场上受投资者欢迎的公司能以较好的条件发行新债券和股票，从而更容易以较低成本融资。

本书中已经出现了各种市场的名称，图3-2做了简要的概括。前文中出现的短期金融市场也被称为货币市场（money market）。金融领域的相关术语常用英语表达，因此最好能记住相关词汇。

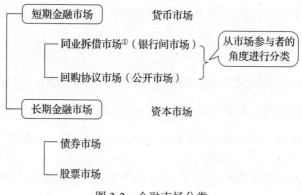

图 3-2　金融市场分类

①同业拆借市场是日本使用的名称，其他国家也有此市场。

收益率曲线和基准利率

在介绍市场利率时，我们已经提到了短期市场和长期市场的区别。金融交易中，按交易期限不同分为短期和长期市场，各市场中形成的利率水平也不同。利率亦可分为短期利率与长期利率。短期利率是指交易期限在一年以内的利率，而长期利率是指交易期限更长的利率。

此外，短期利率有不同的期限，长期利率亦然。就短期利率而言，除了交易期限为 1 天的隔夜利率，还有 1 周、1 个月、2 个月等规定了特定期限，即被称为**期限（产品的）利率**。而长期利率一般指交易期限为 1 ～ 40 年不等的交易的利率。不论长期利率还是短期利率，均由市场决定各自交易的利率水平。

这些不同交易期限的利率水平虽然各不相同，但它们之间关系紧密，有联动反应，而非相互孤立。可以说各种利率之间的相对位置关系在不断变化，同时又作为一个整体变动。

表示期限与利率水平之间关系的图表一般被称为**收益率曲线**（yield curve）。在日语中有时被称为回报率曲线或利率的期限结构。收益率曲线一般用图表来表示，通常是一条平缓的曲线，横轴是距离到期的时间，纵轴是收益率。图 3-3是收益率曲线的示意图。

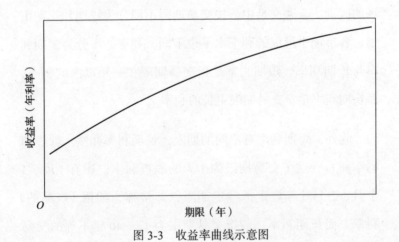

图 3-3　收益率曲线示意图

　　　　　　　　　　　利息的故事：利率背后的金融世界

收益率曲线的相关因素将在第五章中详细介绍，目前只要理解收益率曲线是不同交易期限利率水平的集合，在收益率曲线中，利率不是用一个孤立的数字表示的即可。

另外，股票市场上，股票价格指数可以通过计算得出，能清楚地显示整个市场的走势，日本的主要股票价格指数是日经平均指数（日经225）和日本东证指数（TOPIX）。

而利率并没有像股票价格指数这样能够反映整体市场走势的通用指标。[一]虽然利率的走势对经济影响重大，但相关的报道很少。究其原因，恐怕与缺乏像股票价格指数一样的通用指标，难以用一个数字形象化表达等也有关系。

虽然利率没有股票价格指数一类的通用指标，但也会用某些具有代表性的特定利率来表示利率的变化趋势。上文提到我们以收益率曲线的形式，把利率看作一个整体。实际上，我们并不是把整个市场的所有利率整合成一个数字，而是用市场上具有代表性的利率的变化趋势来表示整个市场的动向，这些具有代表性的利率被称为指标利率。

现实中有各种各样的指标利率，长期利率中最常用来表

○ 虽然也存在供业内人士参考的债券价格指数，但这些指数并不能让所有人清楚明了地把握利率的整体趋势。

示利率趋势的是 10 年期国债收益率，这是各国通用的做法。

短期利率中常用的有无担保隔夜拆借利率⊖等。这一指标利率并不受日本央行调控，是同业拆借市场上根据次日无担保看涨期权的实际交易利率计算出来的。同时，这一利率本身与日本央行的货币政策息息相关，只要政策不发生大的变化，就会一直保持稳定。因此它缺少话题性，公众很少看到相关报道。

信用度决定利率的高低

上文中提到我们应该从收益率曲线的角度，即不同期限的各种利率水平的总和去理解利率的变化。其实除了期限，利率还会根据借款方不同而有所变化，这是利率的另一个基轴。换言之，借款方即债务人的信用度决定了借款方适用的利率水平。

信用度是对债务人履行还款义务（债务）的可靠程度的评估。信用度高，说明债务人有坚实的财务基础，履行还款义务的意愿高。因此从风险角度而言，因为债务人信用度

⊖ 此项指标利率的名称是"东京隔夜平均利率"（Tokyo overnight average rate），简称 TONA。

高，造成损失的风险小，即信用风险较低。反之，信用度低表明债务人财务基础薄弱，抑或是履行还款义务的意愿低，甚至是两者兼而有之，总之债务人的信用风险较高。

当发生信用风险时，债务人无力偿还债务，处于**违约**状态，给债权人造成坏账损失。在信用风险中，这种情况被称为违约风险。

信用风险还包括债务人尚未违约，但其信用恶化将导致估值损失的风险。因此信用风险包含的范围比违约风险略宽泛，但一般而言两者常被视为同义词。

如果要借钱给一个信用度低、信用风险高的人，因为存在违约风险，贷款方或是不愿意借钱，或是会收取更高的利息。那么应该以什么利率借钱给信用不佳的人呢？若要做出决定，首先要估算无法偿还债务的可能性有多大，以及届时有多少债务无法收回。

如果发生违约的概率为1%，而且届时债务全部无法收回，[○]债务的期望损失率计算如下：

○ 在实际中，即使债务人无力偿还债务，也很少会出现债务完全无法收回的情况，通常可以追回部分债务，此处为了简化计算，我们假定债务完全未被偿还。

预期损失率

违约概率　　（无法收回的债务的比率）

　1%　　×　　　　100%　　　　= 1%

通过计算可得期望损失率为 1%。为了弥补这一损失，利率需要比完全不存在信用风险的情况下高 1%。

这一点似乎显而易见，但实际上又很难理解。因为如果设定某个特定的债务人，无论把利率定得多高，如果债务人最终不履行还款义务，都会造成坏账损失，风险丝毫无法得到弥补。但是假设汇集了大量类似情况的债务人，并向他们每人提供小额贷款呢？

如果对违约概率和损失率的估计是正确的，那么借款总额的 1% 就会因为未被偿还而形成损失，但如果事先把利率定高 1%，那么其余偿还借款的 99% 的人多付的 1% 就大致可以弥补损失。⊖

因此，利率因借款方的信用度而异，信用度极高、完全没有信用风险的人贷款时的利率最低。这种利率被称为**无风险利率**（risk-free rate），无风险的意思是"没有违约风险"。

⊖ 不违约的概率是 99%，而需要以 99% 的部分弥补 1% 的损失，因此严格来说，利率应提高 1%/99%=1.01%。

虽然在现实世界中不存在完全无风险的借款方，但在许多国家，一般认为国家发行的国债风险极低，属于无违约风险。此外尽管银行总体信誉良好，但也并非完全没有信用风险。不过隔夜拆借交易中借款方为银行，属于公认的极低风险交易，因而无担保隔夜拆借利率通常被认为是无违约风险的。

在向有信用风险的普通债务人提供贷款时，利率是在无风险利率的基础上根据债务人的信用风险程度叠加一个额外的利率而形成的。这个叠加的额外利率称为**信用利差**。

如果将国债的利率视为实际无风险利率，那么公司发行债券时的利率水平则以此为基础，在相同期限的国债利率上叠加公司的信用利差。

信用利差的水平应该根据债券的信用风险大小来确定，但要确定信用风险的水平则需要进行专业的分析。如果投资者必须亲力亲为地做这些分析工作，公司债券的投资成本将非常高，也无法扩大投资者基础。因此，从很多年前开始，投资者会在判断信用风险时参考**信用评级**。信用评级由被称为评级机构（评级公司）[○]的专业调查公司发布，它们对债券

○ 市场份额占比较大的评级机构包括美国的穆迪和标准普尔（S&P）、欧美的惠誉以及日本的评级与投资信息公司（R&I）和日本信用评级机构（JCR）。

发行方的信用状况及债券发行条件进行分析，并用简单的评级符号表示信用风险的大小（见图3-4）。投资者无须花费时间和精力进行专业分析，只需阅读信用评级的内容就能了解债券的风险程度。

标准普尔、评级与投资信息公司等	穆迪	信用风险水平	分类
AAA	Aaa		
AA +	Aa1		
AA	Aa2		
AA −	Aa3		
A +	A1		投资级
A	A2		
A −	A3	沿箭头方向信用风险逐渐增大	
BBB +	Baa1		
BBB	Baa2		
BBB −	Baa3		
BB +	Ba1		
BB	Ba2		
BB −	Ba3		
B +	B1		非投资级（高风险）
B	B2		
B −	B3		
CCC +	Caa1		
CCC	Caa2		
CCC −	Caa3		
CC	Ca		
C	C		
D		违约级（另有SD级，即选择性违约）	

图 3-4　信用评级符号

当然我们也要知道评级机构是私营公司，信用评级只是某家私营调查公司的意见。此外，信用评级起初是从向债券投资者提供信息服务发展起来的，评级机构属于营利性企业，而且向评级机构付费的是发行债券的企业，而非投资者。

购买信用评级服务的债券发行方自然希望获得尽可能高的信用评级，以便以优惠的条件发行债券。然而使用信用评级服务的投资者者却不这么想，他们希望评级公正严谨，能够恰当地反映相关风险。所以虽然信用评级服务由来已久，但信用评级机构的基本结构决定了会存在利益冲突。

当然，对购买服务一方过于宽松的评级机构终将失去债券投资者的信任，会被淘汰出场。因此，我们可以认为，如今市场份额占比较大的评级机构进行的信用评级是公正严谨的，得到了投资者的信任。金融市场在各种信任关系的基础上运行，投资者对信用评级及评级机构的信任是非常重要的。

各评级机构的符号及其定义略有不同，但基本上都属于同一套体系。例如，除了穆迪的评级，最高评级符号 AAA 通常被称为 3A（Triple-A），表示信用度极高而信用风险极低。从此向下依次为 AA、A、BBB，随着信用度下降，信用风险逐渐增加。此外，评级还可通过"＋"和"－"符号做进一步的细分。

信用评级中 BBB 以上的评级是整体信用风险相对较低的级别，被称为投资级（investment grade，IG）。低于这一等级的被称为非投资级或高风险级，低于这一等级的债券也被称为"垃圾债券"（junk bond），在日本很少交易。

然而，这些非投资级的债券因其高风险的性质而具有较高的收益率，而且由于多数投资者对其避而远之，这些债券的收益率往往高于其所涉及风险对应的合理水平。因此如果投资者具备足够的分析能力和风险管理能力，这可能是一项有吸引力的投资。在美国等国家，非投资级债券的市场也比较发达，交易活跃。在这种情况下，人们通常称它们为高息债券（high-yield bond，HY），代替了具有负面含义的非投资级债券或垃圾债券等称呼。

总之，如图 3-5 所示，市场上一般由信用评级的等级决定债券收益率的大致区间。市场整体的收益率曲线并不是一条孤立的曲线，而是由信用评级等级各不相同的几条曲线组合而成的。

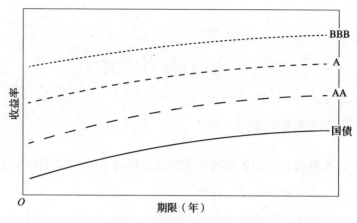

图 3-5　信用评级与收益率

第四节　固定利率与浮动利率

利率的不同适用方式

本章最后一个话题的角度与之前略有不同，即根据不同的适用方式对利率进行分类。

以两年期的借贷为例，在此期间利息通常是分期收取的，假设每六个月收取一次利息。在这种情况下，可以采用两种利率（见图3-6）。

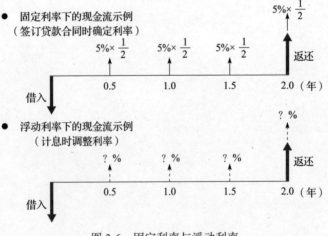

图 3-6　固定利率与浮动利率

第一种是一开始就确定两年期的利率。例如，利率定为5%，期限为两年。每半年计一次息（按年利率的 1/2 计算），利率是预先确定的。这种利率被称为**固定利率**。此处 5% 的利率被称为两年期利率，且因为这是 1 年以上的贷款，所以属于长期利率。

第二种，同样是每半年计息一次的两年期贷款，利率并不是预先确定的，而是每次都要进行调整，这就是**浮动利率**。在采用浮动利率的情况下，唯一能事先确定的就是计息规则，即使用某一时间公布的某一基准利率来计息。

近年来，指导浮动利率的基准利率发生了很大变化，后文将对此进行详细论述，现在我们以东京同业拆借利率（TIBOR）为例来看看浮动利率的变化情况。TIBOR 是日本同业拆借市场的日利率，每日由日本全国银行协会公布。

TIBOR 有两种，其中日元 TIBOR（Yen TIBOR）是由前文中提到过的同业拆借市场，即银行同业间短期借贷资金的市场上交易的利率水平计算出来的。日元 TIBOR 中包含不同期限的利率，下面以 6 个月 TIBOR，即期限为 6 个月的同业拆借利率来举例说明。

6 个月 TIBOR 是指在利率确定和交易达成（签订借贷合同）之后的两个营业日执行借贷，从执行借贷之日起 6 个月内适用的利率（见图 3-7）。因此，在计算浮动利率时，也相应地采用了"以每个计息期开始前两个营业日所公布的 6 个月 TIBOR 来计算该半年期的利息"这一规定。这种约定了基准利率和应用规则，适用利率随基准利率的变化而变化的就是浮动利率。

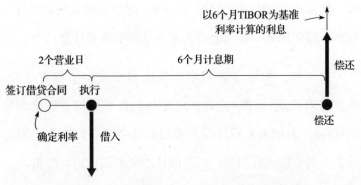

图 3-7　以 6 个月 TIBOR 为基准利率的计息期间

用于计算浮动利率的基准利率可以是贷款人和借款人商定的任何利率，但最常用的是每日公布且广为人知的基准利率。此外，浮动利率通常会使用与计息期限一致的短期基准利率，当然这也并非硬性规定。在本例中采用了每半年计息 1 次的方式，因此将 6 个月 TIBOR 作为基准利率。所以虽然贷款期限为两年，但采用的基准利率是期限为 6 个月的短期利率。

利率掉期和掉期利率★

固定利率下整个交易期限的利息额确定不变，这种确定利率的方式好像毫无风险。而浮动利率下未来的利息额并不确定，似乎会伴随一定的风险。

由于整体利率水平的波动而造成一定损失的风险被称为利率风险，利率风险只取决于如何使用借款以及如何偿付，与固定利率还是浮动利率无关。例如，人们一般用部分工资来偿还房贷，在此情况下，固定利率的风险小于不断变化的浮动利率的风险。如果采用浮动利率，还款负担也许会随着整体利率的上升而增加，但如果采用固定利率，无论利率水平如何上升，都不会对还款计划产生威胁。

然而，这个例子与某笔借款最终的盈亏是两码事。由于浮动利率通常低于固定利率，因此如果整体利率水平没有上升，浮动利率会更有利。因此，孰优孰劣要视情况而定，但至少从利率风险的角度来看，固定利率的风险较低。

当公司借款进行设备投资时亦是如此。在进行设备投资时，要制订业务计划，并根据销售预测来规划还款。因此，固定利率及固定利息额的情况下更易于规划，风险也更低。

但如果公司准备在资金用途尚不明确的情况下募资，情况又会是怎样呢？如果当前的债券发行环境好，能以优惠的条件发行债券，公司在尚未决定资金用途的情况下发行债券也屡见不鲜。

在这种情况下，资金被反复用于短期投资，直到确定资金的最终用途。这是因为如果将资金用于长期投资，即使在此期间找到了资金的最佳用途，也无法立即使用。而资金反复用于短期投资会带来与短期利率挂钩的收入。

在这个例子中，随着整体利率水平的下降，短期投资的收益会逐渐减少，而如果债券支付的利率是固定的，支付利息的成本则不会减少。在这种情况下，就有可能出现反向利差，即投资收益小于支付的成本。这也意味着利率下降的风险。

银行就是这种情况下的一个典型例子。银行主要从存款，尤其是活期存款中获取资金，并将其用于相对短期的贷款。近年来，日本活期存款的利率几乎没有变动，所以难免让人有固定利率的印象，但事实上，活期存款利率是随着短期利率水平的变化而调整的。因此，简要地说，银行以短期利率吸收资金，又以短期利率贷出资金，如果利率上涨，新增贷款的收入和存款的成本都会增加；相反，当利率下跌时，收入和成本都会减少。通过将收入和支出与短期利率挂钩，银行就可以规避风险。

如果通过发行债券以长期固定利率筹集资金后，又以短期贷款来运营该笔资金，会发生什么情况呢？随着利率的下跌，短期贷款的收入会逐渐减少，而债券支付的利息是固定的，成本并不会随着利率下跌而减少。因此，即便是以固定利率筹集资金，也会因使用资金的方式而产生利率风险。

相反，如果银行将通过存款筹集的资金以固定利率的长期贷款借出，又会面临着利率上升的风险。因为尽管投资收益是固定的，但筹资成本会随着利率的上涨而增加。

在任何情况下，如果筹资方和运营方的利率结构相匹配，就可以避免风险，但如果二者失去平衡，出现不匹配的情况，就会产生利率风险。

为了控制筹资利率和投资利率不匹配所带来的风险，经常会用到**利率掉期**这一衍生产品[⊖]。利率掉期一词在本书中还是首次登场，事实上围绕着利率掉期形成的市场是利率相关交易的最大市场之一。

利率掉期的交易形式多种多样，最典型的是交换固定利率和浮动利率的利率，交易期限最长可达 40 年。图 3-8 举例说明了期限为 5 年的利率掉期交易，其中固定利率和浮动利率每年交换一次。

如果使用利率掉期，可以以固定利率借钱，然后实质上将贷款的利息部分转换成与短期利率挂钩的浮动利率。这笔钱就可以用于重复的短期投资，而无须担心利率风险。图 3-8 中固定利率和浮动利率（或短期利率）的箭头都是相反方向的，这意味着利率风险的对冲。

反之亦然，按浮动利率向银行借款的公司可以如图 3-9 所示进行利率掉期操作，以实现与按固定利率借款相同的效果。公司可以将这笔钱用于设备投资，无须担心额外的利率风险。

⊖ 衍生产品也叫衍生工具，正如其字面意思一样，它们是从借贷、买卖股票和债券或外汇交易等普通交易中分支出来的特殊交易。然而，与"衍生"一词相反，在当今的金融市场上，衍生产品已经形成了一个巨大的市场，规模远超作为其本源的普通交易。金融衍生产品中交易最频繁的就是利率掉期。

● 利率掉期方案图示

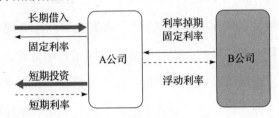

● 利率掉期的现金流

（收取）借款时约定利率，一直保持到期满日

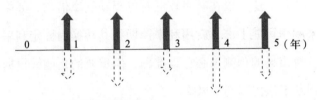

（支付）每次调整适用利率

图 3-8　利率掉期

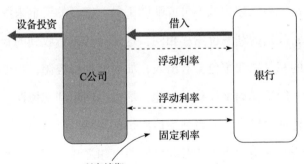

图 3-9　利率掉期应用实例

在这种情况下，大家自然会产生一个疑问："为什么不从一开始就以固定利率借钱呢？"事实上公司未必能以自己期待的利率形式借款。银行未必提供固定利率贷款，或者即便提供，贷款条件也十分严苛。在这种情况下，利率掉期可以提供一种选择：以浮动利率借款，然后利用利率掉期将其转换为固定利率，因而不必以固定利率借款。

此外，还可以在利率较低时以浮动利率借款，如果判断未来利率可能上涨，就用利率掉期将其转换为固定利率。当然，对市场的预测未必总是准确，但重要的是能够根据自己的判断灵活控制利率风险。

上面的例子是公司使用利率掉期，对银行来说，利率掉期更是风险管理领域不可或缺的工具。银行的资金来源多种多样，放贷的利率也不尽相同，这就导致银行收到的利息和支付的利息之间难免会有出入，如果不加以控制，很可能导致巨大的整体利率风险。因此，银行会利用利率掉期灵活管控这种利率风险。因为利率掉期每次交易的金额相当大，所以普通民众很少使用，对利率掉期也知之甚少。但利率掉期现在已成为银行风险管理和大公司财务战略中的重要工具，我们也应稍加了解这个规模已达到天文数字的庞大市场。

银行之间每天都会进行频繁的利率掉期交易，在银行间的掉期市场上形成了市场报价。就日元利率掉期而言，计算浮动利率的标准方法是下一节所述的 TONA 复利计息后置计算法，可与浮动利率交换的固定利率被称为**掉期利率**（swap rate），其利率水平是在市场交易中形成的。

掉期利率在不同的交易期限呈现不同的水平，形成一条收益率曲线。与国债的收益率曲线相比，掉期利率的收益率曲线往往处于稍高的水平，不过近年来这种关系出现了倒挂。有些掉期利率的期限较短，但多数掉期利率的期限较长，最长可达 40 年，它们与债券收益率一起构成长期利率的重要组成部分。

作为长期利率的指标，10 年期国债收益率是新闻中的常客，但在确定新发行债券的条款或在确定长期固定利率下的房贷利率时，往往会用到掉期利率，因此掉期利率在金融领域的实际业务中也占有一席之地。

基准利率之王伦敦银行同业拆借利率暂停公布，以及此后的基准利率情况★

伦敦银行同业拆借利率（LIBOR）是一直以来被广泛使

用的浮动利率基准，它是"London Interbank Offered Rate"的缩写，即伦敦银行同业拆借市场（无担保短期资金拆借）的融资利率。前文中提到过"TIBOR"（东京同业拆借利率），将"TIBOR"的首字母从代表东京（Tokyo）的"T"改为代表伦敦（London）的L，就是"LIBOR"，即伦敦版的TIBOR。但由于LIBOR历史更为悠久，因此称"TIBOR"为东京版的LIBOR。

伦敦是国际金融中心之一，这里的交易不仅包括本国货币英镑，还涵盖其他多种货币，因此LIBOR也包括日元、美元等世界主要货币的利率。LIBOR每天公布每种货币不同期限的利率作为短期利率的基准，如三个月利率、六个月利率等。这些利率可以用于计算世界各地进行的利率掉期、浮动利率贷款、浮动利率债券（浮动利率附息债券）等交易的浮动利率。LIBOR是全球最重要的基准利率，在巅峰时期估计有价值400万亿美元的金融工具和交易使用LIBOR作为参考利率。

英国银行家协会从全球大型银行中选择一些作为参考银行，这些银行在每个交易日的伦敦时间11点前上报自己的同业拆借利率，这些利率依据一定的规则进行算术平均后就形成了 LIBOR。然而，由于参考银行本身就拥有大量基于 LIBOR 的金融产品，深度参与相关金融交易，因此出现了只要稍稍操控 LIBOR 就能获取巨额利润的情况。

2012 年，参考银行为了自身获利，上报了偏离实际情况的利率这一事实被揭露。因为 LIBOR 是全球许多国家使用的基准利率，所以这成为震惊国际金融界的重大丑闻。经过一番纷争后，LIBOR 被逐步停用。除美元的某些报价，2021 年 12 月 31 日 LIBOR 报价全部终止，2023 年 6 月 30 日之后剩余的美元 LIBOR 报价也全部终止。

因此，需要一个新的基准利率来取代 LIBOR，尤其是与 LIBOR 挂钩的已有合约必须尽快更换参考利率。如果放任不管，可能会导致全球范围的浮动利率无法计算的局面。针对这一情况，各国正在推动创建新的基准利率，即**无风险利率**（RFR），具体内容如表 3-1 所示。

表 3-1　取代 LIBOR 的各种利率

	无风险利率 （隔夜利率）		信用敏感型利率 （期限利率）
	后置法	前置法	前置法
日元	东京隔夜平均利率 （TONA） （无担保隔夜拆借）	东京无风险期限利率（TORF） （可与 TONA 浮动利率交换的掉期利率）	东京同业拆借利率 （TIBOR）[1] （定期产品融资利率）

	无风险利率 （隔夜利率）		信用敏感型利率 （期限利率）
	后置法	前置法	前置法
美元	有担保隔夜融资利率（SOFR） （有担保隔夜融资）	期限 SOFR（Term SOFR） （SOFR 掉期利率 / SOFR 的前瞻性期限利率）	彭博短期银行收益率指数（BSBY） 银行收益率指数（BYI） 美国银行拆借利率（AMERIBOR）
欧元	欧洲短期利率（€STR） （无担保隔夜拆借）	（期限 €STR……计划中）	欧洲银行同业拆借利率（EURIBOR）[①]

①已有基准利率。

这些利率以银行间同业拆借市场或回购协议市场的隔夜利率为基础，剔除了银行信用风险等因素，所以被称为无风险利率。

这些利率可以看作由监管部门推荐的可替代 LIBOR 的利率，具体使用哪种利率作为基准利率，则按照需求自由选择，并无一定之规。

日元将采用东京隔夜平均利率（Tokyo overnight average rate，TONA）来取代 LIBOR，TONA 是无担保隔夜拆借的交易利率。在创建新的基准利率时，最重要的是使用实际交易利率，而非可能偏离实际利率的申报利率。因此，TONA 由日本央行汇总当日实际交易数据，根据合约（成交）利率的成交量加权平均计算得出，并在次日作为固定值公布。

在美国，联邦基金利率是货币政策的调控对象，相当于日本的无担保隔夜拆借交易利率，但监管机构并未推荐用它取代 LIBOR，而是选择了有担保隔夜融资利率（secured overnight financing rate，SOFR）。SOFR 是一种有担保的利率，信用风险更小。英国和欧洲（欧元）与日本相同，均用无担保隔夜利率取代 LIBOR，而美国和瑞士则选择了有担保的隔夜利率。

下面我们来看一个基准利率的应用实例。如果采用浮动利率计息，每 6 个月付息一次，那么利率就要适用于 6 个月的计息期间。然而，TONA 等无风险利率是适用于一天交易的利率，如何将其应用于计息期间为 6 个月的交易？我们有几种方法可以计算适用利率，其中最基本的方法是在 6 个月的期间内，每天使用当天的无风险利率进行复利计算，根据计算结果得出适用的利率。将计息期内第 i 个 TONA 设为 TONA_i，计算方法如下：

$$\text{适用利率} = \left[\left(1 + \mathrm{TONA}_1 \times \frac{1}{365} \right) \left(1 + \mathrm{TONA}_2 \times \frac{1}{365} \right) \cdots \right.$$
$$\left. \left(1 + \mathrm{TONA}_i \times \frac{1}{365} \right) - 1 \right] \times \frac{365}{\text{计算天数}}$$

每个 TONA 乘以 1/365，即每个 TONA 只适用于 1 天。此外计息期间包括周六、周日和节假日，因此考虑到周五后面的周六、周日，算式中周五的 TONA 应乘以 3/365。

之所以在中括号内减去 1，是因为前面计算复利的公式算的是本息合计，减去 1 意味着去除本金。算式最后乘以"365/ 计算天数"是为了换算成年利率，这样就根据基准利率计算出了 6 个月浮动利率下的适用利率。

这种计算方式以复利计算为前提，且 TONA$_i$ 确定之后，即到最后一个计算日才能确定期限利率，被称为"**复利计息后置计算**"。

另外需要注意的是，即便使用同一个无风险利率，不同的产品和合约也可能使用不同的计算方法。

与上面例子中的后置计算方法不同，传统的 LIBOR 和 TIBOR 在利息计算期间开始时就已经确定了利率，属于前置计算的利率。衍生产品主要在金融专业人士之间进行交易，采用后置计算的利率可能没有问题，但债券和贷款如果也采用后置计算，就需要进行相当复杂的计算，且利息额不易确定。因此对于债券和贷款而言，前置计算比后置计算更可取。

因此，一些国家还推出了采用前置计算的与无风险利率作用相同的基准利率，这就是**无风险期限利率**。

日元中有称为 TORF[○]的基准利率，公布 3 个月、6 个月等的期限利率。以 6 个月期 TORF（TORF6M）为例，这是期限为 6 个月的利率掉期交易中，根据当下可与 TONA 复利计息后置计算下的浮动利率交换的 6 个月期固定利率，即 6 个月期的掉期利率计算得出的。

在市场上可交换，就意味着 TONA 复利计息后置计算下的浮动利率和 TORF 当下是等值利率，而且现时点就确定了未来 6 个月期的利率，所以可以用于前置计算。美元的 Term SOFR 虽然确定规则与 TORF 略有不同，但两者大体上是同一种利率。

3 个月期的 LIBOR 和 6 个月期的 TIBOR 都是期限利率，它们与 TONA 同属同业拆借利率，但交易期限有所不同。隔夜利率因为交易期限只有一天，所以可以说几乎没有违约风险。如果交易期限变成 3 个月甚至 6 个月，就会伴随着一定程度的违约风险。因此，尽管 3 个月期的 LIBOR、6

⊖ TORF（Tokyo term risk free rate）的全称为东京无风险期限利率。

个月期的 TIBOR 的交易主体是银行，甚至是作为银行间市场主要参与者的大型银行，但这些期限利率还是包含着信用因素。

事实上，当市场因坏账增加而更加警惕银行的信用风险时，即使隔夜利率保持不变，这些期限利率也有可能上涨。因此，LIBOR 和 TIBOR 中的期限利率因其对信用风险敏感而被称为信用敏感型的基准利率。

前文中提到的无风险期限利率以前置计算的方式确定某一期限的利率，所以也属于期限利率。但另一方面它与隔夜利率等值（可互换），而隔夜利率的风险极小，因此对信用风险不敏感，属于无风险利率。

以银行或其他机构通过定期产品的交易筹集资金后再进行资金运营为例，由于定期产品融资是对信用敏感的交易，如果银行的整体信用风险恶化，融资成本就会上升。在这种情况下，银行在发放浮动利率贷款或投资浮动利率债券时，会倾向于使用信用敏感型的基准利率。这是因为当定期产品的融资成本上升时，与之挂钩的资金运营收益也会增加。

这种情况就催生了一定比例的使用信用敏感型基准利

率来计算浮动利率的需求。就日元而言，TIBOR 早已有之。欧元也有类似 LIBOR 的基准利率 EURIBOR[⊖]，被称为欧洲银行同业拆借利率。与 LIBOR 不同的是，这些利率没有停止公布，今后将继续使用。[⊜]

美元则没有类似 LIBOR 的基准利率，但随着 LIBOR 完全停止公布，美国也正在研究一些新的信用敏感型基准利率。

因此，在 LIBOR 停止发布之后，浮动利率领域将根据市场需要使用各种基准利率，除了最主要的无风险利率（后置法），还有无风险期限利率（前置法）和信用敏感型的期限利率（前置法）。

⊖ EURIBOR 为 EURO interbank offered rate 的缩写，也被称为 Euribor。
⊜ EURIBOR 以前就在欧元区被频繁使用，预计今后会继续得到积极应用。

第四章

债券价格与利率的关系

第一节　何谓债券收益率

债券价格与利率之间的关系是利率相关的诸多问题中最复杂、最重要的。债券种类繁多，且需要复杂的运算才能了解其作为投资工具的价值，所以给人云山雾罩之感。但是，对经济和金融市场有巨大影响的长期利率基本上是由债券交易决定的。因此，要了解长期利率，首先要知道债券价格和利率之间的关系。

第三章曾提到过，债券是政府和企业为筹集资金而发行的有价证券，可以说是一种可交易的借据。虽然现在债券已无需纸质凭证，但如图 4-1 所示，以前曾经印制过纸质的债券。

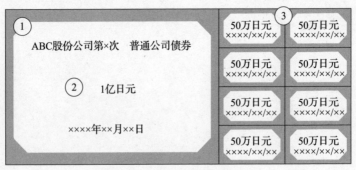

图 4-1　纸质债券的票面示意图

图 4-1 中的第①部分标明了作为借款方的债券发行主体的名称、债券的类型及发行编号。发行编号表示同类型债券是第几次发行。第②部分标明了借款本金的数额，专业术语为债券面值。债券面值下方的日期是还款日，即到期日，也称为赎回日。

第③部分标明了利息。债券的利息通常是按照发行时设定的固定利率计算的，这种债券称为固定利率债券。但也有不计息的债券（零息债券）和利息金额不确定的债券（浮动利率债券）。

图 4-1 中的第③部分是**息票**（日语为"利札"），英文为"coupon"。息票可以单独撕开，在到期日可在经办金融机构凭息票领取利息。这就是为什么英语中也用"coupon"一词表示债券利息。尽管已不再发行纸质的息票凭证，但这个词一直沿用了下来。

息票上利息金额的计算方法是债券的本金（面值）乘以发行时确定的固定利率，再乘以计息期限（如 6 个月）。票面利率（coupon rate）基本上是根据发行时的市场利率水平确定的。

到此为止的内容似乎并不难理解，但是债券的特点是可以在市场上自由买卖。由于这种买卖交易，债券的价格变化自然很快。

以日元计价的债券面值通常为 100 日元，因此下面的讨论沿用此惯例。

假设我们以 100 日元购入债券。此时的现金流为：先投资 100 日元，每年收到 5 日元的票息（100 日元的面值乘以年息 5% 得到的金额），到期时再收回 100 日元本金。每年从投资额（100 日元）中赚取 5%（5 日元）的收益，除此之外不发生其他盈亏，因此年收益率为 5%。

然而，在市场上购买如图 4-1 所示债券的成本未必是 100 日元，如果我们以 97 日元买到这张债券，情况又如何呢？

该债券的面值为 100 日元，但从投资者手中购买该债券所支付的金额为 97 日元，这是投资者付出的本金（投资本金）。因此，在评估债券投资的收益时，需要计算 97 日元的本金能带来多少利润。图 4-2 标明了以 97 日元买到面值 100 日元债券时的现金流。投资者支付 97 日元，每年可获得 5

日元的利息，到期时以 97 日元购买的债券又以 100 日元的价格收回本金，因此又获得了 3 日元的额外收益。通过计算所有这些收益与投资本金 97 日元的比率，就可评估此次债券投资的收益情况。我们粗略估算就可以知道收益率远远高于 5%。因此，对投资者而言，债券收益率是根据购买债券时的价格计算出的。

面值	100日元
利率	5%（1年期支付）
期限	4年

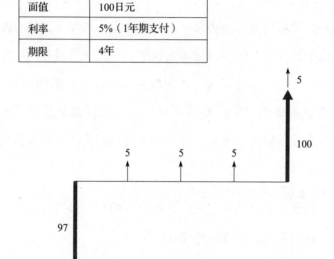

图 4-2　固定利率债券的现金流示例

大家可能已经注意到，上面这个例子中利率出现了两次，分别为票面利率和收益率。票面利率是在发行债券时规定的计算债券利息的利率。如果以 100 日元的价格购买上文中面值 100 日元的债券，此时票面利率就是收益率。但如果以 100 日元以外的价格购买此债券，票面利率就不再是投资者判断投资收益的唯一因素。比如以 97 日元买入的债券又以 100 日元的价格收回本金，这就增加了其他的收益。因此，投资者为了计算盈利情况，必须单独计算收益率。

前文中提到的零息债券，顾名思义就是票面利率为零的债券，读到这里，想必大家也能明白为什么存在这种不附带利息的债券了。因为即使票面利率为零，如果债券能以低于 100 日元的折扣价买入，到期时按照 100 日元的面值还本，对投资者来说"100− 购买价格"这一金额就是盈利。投资者只看重投资能否盈利，并不介意获利的途径是票面利息还是差价。

因此，零息债券应该以票面价值的折扣价进行交易，这也是它们被称为贴现债券[⊖]的原因。

⊖ 在负利率的情况下，面值为 100 日元的零息债券，销售价格高于 100 日元。投资者以高于 100 日元的价格购买债券，并在到期时按照面值还本 100 日元，因此"100− 购买价格"为负值，投资者蒙受损失。为什么这种情况下投资者宁愿蒙受损失，也要购入债券？其中的原因将在第七章进行解释。总之，在负利率的情况下虽然零息债券并未以折扣价格出售，但我们仍称其为贴现债券。

第二节 债券收益率的计算方法

单利收益率

债券收益率按照计算方法可分为两类：单利收益率和复合收益率。首先来了解一下如何计算单利收益率。

单利收益率指使用单利概念来计算收益率。在第二章中曾提到，将收益与投资本金的比率年化计算后可得收益率，这就是单利收益率。计算公式概括如下：

单利收益率 = 年均收益额 / 投资本金

就债券而言，上面公式中分母位置的投资本金就是债券的购买价格，以图4-2的下半部分为例，购买价格是97日元。分子位置为收益额，债券投资的收益有两个来源。一是票面利息，这个例子中100日元面值的债券每年可获息5日元。二是差价，97日元买入的债券期满时可回本100日元，这3日元差价对投资者而言也是收益。[○]不过，这 3 日元的收益是在 4 年后到期时实现的，是 4 年的收益。收益率按年计算，因此这 3 日元除以年数 4，每年为 0.75 日元。

最后，用两种收益的年均收益额除以购买价格，即投资本金，计算如下：

$$单利收益率 = \frac{5 + \dfrac{100 - 97}{4}}{97} \approx 5.928\%$$

如果用文字表述，该公式为：

$$单利收益率 = \frac{票面利息（每年每 100 日元） + \dfrac{100 - 购买价格}{剩余年数}}{购买价格}$$

如果是零息债券，票面利息为零，其余部分的计算方法完全相同。

单利收益率非常容易理解，且足以用来简单估算，日本债券市场在提示收益率时惯常使用单利收益率。

○ 债券价格有时会超过面值，在这种情况下"100-购买价格"为负数。另外票面利息的下限为零，没有负利率的债券。如果"100-购买价格"为负值，且超过票面利息，则此债券的收益率为负。

不过单利收益率的准确性稍差，这是因为它没有考虑到时间效益。

在债券投资的两种收益来源中，票面利息通常每年或每半年发放一次，而债券面值与购买价格之间的差额收益只有在到期时才能实现。如果距到期日较近，这并不成为问题。但有些债券到期年限长达 40 年，甚至更长。如果简单地将半年或 1 年后的收益与 40 年后的收益做加法计算，未免过于粗略。

这个问题的关键在于将前期获得的收益用于再投资。如果利率为正数，即使收益金额相同，前期获得的收益也比后期获得的收益更有价值。前期的收益在再投资时会产生盈利，而单利收益率完全没有考虑到这一点。

在债券投资中，我们必须从一些类似的债券产品[⊖]中选择收益高的进行投资。由于债券投资通常涉及巨额资金，收益率的微小差异就会产生巨大的差别。为了更准确地比较收益率，必须使用更严格的衡量标准，这就是复合收益率的作用所在。

前面我们提到，在日本债券市场上，使用单利收益率是

⊖ 债券等有价证券有各自的产品名称和种类。以国债为例，根据到期日、票面利率等不同，有各种不同的产品。

一种普遍做法，但这也只用于在市场上提示债券的收益率。债券经销商和基金经理总是同时计算复合收益率用于投资决策，分析、管理投资资产时基本都使用复合收益率。

复合收益率★

复合收益率不像单利收益率那么容易定义。首先，我们来看看计算固定利率债券收益率的一般公式：票面利率为 $C\%$（1 年支付），n 年到期，当前市场价格为 P 日元，面值为 100 日元，此时以年复利计算如下：

$$\frac{C}{1+r}+\frac{C}{(1+r)^2}+\cdots+\frac{C+100}{(1+r)^n}=P \qquad (4\text{-}1)$$

假设 C、n 和 P 的值都是已知的，此时能令等式两边相等的 r 就是年复合收益率。这个公式没有采用更容易理解的"$r=\cdots\cdots$"这一形式，是因为它无法用这种方式表示。

式（4-1）理解起来比较难，所以我们先以零息债券为例。零息债券的票面利率 C 为零，因此计算公式可简化为：

$$\frac{100}{(1+r)^n}=P$$

这样就简单多了。设年复合收益率为 r，等式的左边用来计算 n 年后期满的面值 100 日元的零息债券的定价。这个公式是在解释复利概念时曾出现过的"$P \times (1+r)^n = 100$"这一公式的变形。这个公式中假设 P 和 n 已知，使两边相等的 r 就是年复合收益率。

这种零息债券的经济效应体现为：如果现在以 P 日元购买，n 年后期满可兑付 100 日元。我们也可以换个角度理解它的经济效应：将用于购买零息债券的 P 日元拿来投资，以年复合收益率 r 投资 n 年后，P 日元变为 100 日元。由此，我们可以计算出年复合收益率 r。

我们再换一种说法：假设某金融机构会按照指定的利率以年复利的形式运营资金，如果在该机构存入 P 日元，那么利率定为多少才能实现与前文中的零息债券相同的经济效应呢？这个利率也就是零息债券的收益率。对于各种不同条件的零息债券，如果我们都以"按年复利运营资金"这一思路来描述它们各自的经济效应，显然利率越高意味着资金运营越成功。这样我们就能比较各种零息债券的收益率了。

就零息债券而言，计算"$P \times (1+r)^n = 100$"中的"r"并不难。等式两边除以 P，为：

$$(1+r)^n = \frac{100}{P}$$

两边再做 $\dfrac{1}{n}$ 次幂运算，为：

$$1+r=\left(\dfrac{100}{P}\right)^{\frac{1}{n}}$$

$$r=\left(\dfrac{100}{P}\right)^{\frac{1}{n}}-1$$

现在的年复合收益率是以年复利形式运营资金，实现与零息债券相等经济效应时所需的利率。我们也可以考虑以半年复利的形式运营资金，实现与零息债券相等经济效应时的利率。计算过程如下：

$$P\times\left(1+\dfrac{r}{2}\right)^{2n}=100$$

$$r=\left[\left(\dfrac{100}{P}\right)^{\frac{1}{2n}}-1\right]\times 2$$

当然，还可以使用其他复利方法计算收益率，如一个月复利或连续复利。不同的计算公式自然会得出不同的数值，因此要明确以何种复利方法来计算收益率。

此外，在上述的收益率计算中还有一个容易产生误解的较为复杂的问题，那就是具体使用哪种复利计算方法来计算收益率其实并不重要。在第二章中关于复利概念的部分，我们曾提到过复利是将投资期间每次获得的收益均计入本金，继续投资。但上述计算的对象是零息债券，所以投资期间并不产生收益。而我们要计算的是"将零息债券的经济效应换算为某种复利投资时，对应百分之多少的利率"，那么计算时使用何种复利其实并不重要。

现在，让我们再次回到考虑到票面利息的式（4-1）。

已知面值为 100 日元、n 年后到期的零息债券价格为 $\frac{100}{(1+r)^n}$。式（4-1）中等式左侧第 1 项 $\frac{C}{1+r}$ 可以看作计算面值为 C 日元、1 年后到期的零息债券价格的公式。同理，等式左侧第 2 项 $\frac{C}{(1+r)^2}$ 是计算面值为 C 日元、2 年后到期的零息债券价格的公式。而最后一项是计算面值为（C+100）日元、n 年后到期的零息债券价格的公式。这一计算将固定利率债券产生的所有现金流表示为相应的零息债券，固定利率债券的价格是各零息债券价格的总和。

换句话说，如果可以将收益率相同的若干种零息债券组合起来复制固定利率债券的经济效应，那么我们要解决的问题就是计算这些零息债券的收益率。因此这个定义复合收益率的公式乍看似乎很复杂，但归根结底只需计算零息债券的收益率。而在计算这些零息债券的收益率时，采用半年复利和连续复利计算均可。金融学教材在介绍复合收益率公式时，通常会举以年复利计算年付息债券收益率（或以半年复利计算半年付息债券收益率，参看式（4-2）的例子，因此大家默认复利计算必须按照票息的支付周期进行。然而这完全是一种误解，我们也可以计算年付息债券的半年复合收益率。计算公式如下：

$$\frac{C}{\left(1+\frac{r}{2}\right)^{2}}+\frac{C}{\left(1+\frac{r}{2}\right)^{4}}+\cdots+\frac{C+100}{\left(1+\frac{r}{2}\right)^{2n}}=P \qquad (4\text{-}2)$$

只需将计算年复利的 $(1+r)^i$ 替换为计算半年复利的 $\left(1+\frac{r}{2}\right)^{2i}$ 即可。不过要注意的是，虽然两个公式中都用相同的符号"r"，但它们分别代表年复合收益率和半年复合收益率。

明确"r"的具体所指在实际应用中非常重要。计算收益率的目的之一是在几项投资中选择最有利可图的一项，因此首先要统一收益率的计算标准。无论是否有票息，也无论票息年付还是半年付，收益率都必须在相同复利计算方法的基础上进行比较。在日本，票息通常每半年支付一次，在这种情况下，定义年复合收益率和半年复合收益率的公式如

　　　　　　　　利息的故事：利率背后的金融世界

式（4-3）和式（4-4）所示。公式左侧的第 1 项是半年后收到的半年票息表示为零息债券时的价格；左侧第 2 项是 1 年后收到的半年票息表示为零息债券时的价格。

年复合收益率：

$$\frac{\frac{C}{2}}{(1+r)^{\frac{1}{2}}}+\frac{\frac{C}{2}}{1+r}+\cdots+\frac{\frac{C}{2}+100}{(1+r)^{n}}=P \qquad （4-3）$$

半年复合收益率：

$$\frac{\frac{C}{2}}{\left(1+\frac{r}{2}\right)}+\frac{\frac{C}{2}}{\left(1+\frac{r}{2}\right)^{2}}+\cdots+\frac{\frac{C}{2}+100}{\left(1+\frac{r}{2}\right)^{2n}}=P \qquad （4-4）$$

使用 Excel 工具的计算方法★

上一节中我们已经说过，能令式（4-1）等式两边相等的 r 就是年付息固定利率债券的年复合收益率。但我们如何求 r 的值呢？

这个公式中的利率 r 无法像之前计算零息债券的复合收益率那样直接求解。这里唯一的方法就是尝试将各种数字代入 r，逐渐接近答案，即将数值收敛于无限接近答案的值。当然，在实际操作中并不需要如此麻烦，许多计算软件都提供了相关的函数功能。

我们可以使用 Excel 中的 IRR 函数。以图 4-2 为例，每
100 日元面值每年支付或收取的现金可记为：-97，（+）5，
5，5，105。在工作表页面上创建一个表示该现金流的数组，
然后使用 IRR 函数，将上述数组指定为"=IRR（…）"括号
中的数字范围，该函数就能自动找到使等式左右两边相等的
r 值（见图 4-3）。IRR 函数按照指定范围内的数字计算复利，
如果输入每一年发生的现金流，就能算出年复合收益率。

	A	B	C	D	E	F
1	年复合收益率的计算			半年复合收益率的计算		
2						
3	（年）	CF		（年）	CF	
4	0	97		0	97	
5	1	5		0.5	0	
6	2	5		1	5	
7	3	5		1.5	0	
8	4	105		2	5	
9		↓		2.5	0	
10				3	5	
11		5.863%		3.5	0	
12		↑		4	105	
13		=IRR（B4:B8）			↓	
14						
15					5.780%	
16					↑	
17					=IRR（E4:E12）*2	

图 4-3　用 Excel 计算收益率

如果输入每半年产生的现金流，IRR 函数计算的就是半年复合收益率。因为这是半年利率，所以最后还需要将其转换为年利率。如果设定半年是一年的一半，那么我们将半年利率乘以 2 就得到年利率，用"IRR（…）*2"就可以计算出年化后的半年复合收益率（式（4-2）、式（4-4）中的利率 r）。

不过这里举例的债券是年付息的，因此在半年的时间点不会产生现金流，但这仍然不是问题。不产生现金流时将现金流的值设为零即可。我们可以把之前的现金流"–97，（+）5，5，5，105"转换成"–97，0，5，0，5，0，5，0，105"这一以半年为单位的数组。

同理也可以用来计算零息债券。假设以 99 日元的价格购入两年后到期的零息债券，我们可以通过在 IRR 函数中指定现金流"–99，0，100"来计算年复合收益率。若按半年复利计算，可以在 IRR 函数中指定现金流为"–99，0，0，0，100"，然后将结果乘以 2 即可得到年化后的半年复合收益率。IRR 函数的缺点是不参考现金流的时间信息，只能在给定现金流的时间间隔相等的情况下进行计算。因此，如果现金流的时间间隔不相等，就无法进行准确的计算。

针对这种情况，XIRR 函数不仅可以指定现金流，还可以指定现金流发生的日期。使用该函数，即使现金流的时间间隔不是等距的，也能准确计算出复合收益率。不过需要注意的是 XIRR 函数计算所有给定现金流的年复合收益率，而不考虑现金流发生的时间间隔。[⊖]

另外年复合收益率和半年复合收益率很容易相互换算。

如果 1 年后到期的零息债券的价格为 P，投资该零息债券的经济效应为一年后现在的 P 日元变为 100 日元，要计算此投资的年复合收益率，则通过 $P \times (1+r) = 100$ 这一算式计算出 r 即可。同样的情况若我们用半年复利来计算，公式为 $P \times \left(1 + \dfrac{r'}{2}\right)^2 = 100$。这两个公式是同一事物的不同表达方式，所以：

$$(1+r) = \left(1 + \frac{r'}{2}\right)^2$$

成立。如果已知 r'（半年复合收益率），则 r（年复合收益率）为

$$r = \left(1 + \frac{r'}{2}\right)^2 - 1$$

⊖ "不考虑现金流发生的时间间隔"是指 IRR 的参数并没有绝对日期，只有"一期"的概念。每一期可以是一年、一个月或一天，由使用者自行定义。如果每一格代表一个月的现金流，算出的 r 为月收益率；如果每一格代表一年的现金流，算出的 r 为年收益率。——译者注

反之，如果已知年复合收益率 r，则半年复合收益率 r' 为

$$r' = \left[(1+r)^{\frac{1}{2}} - 1 \right] \times 2$$

虽然我们以简单的 1 年后到期的零息债券为例，但这个换算公式可以在任何时候用于任何现金流。

内部收益率和各种收益率★

IRR 是内部收益率（internal rate of return）一词的英文缩写。内部收益率是金融业务中使用频率很高的一个专业词语，是衡量及管理收益率的必要指标。例如，做投资决策时预判未来的收益率，或是衡量商业地产投资的收益都离不开内部收益率。IRR 函数原本就是计算内部收益率的函数，因此债券的复合收益率实际上就是债券投资的内部收益率。

目前，我们所讨论的收益率的计算前提是持有债券至期满。但是，债券的特点是在到期之前也可以自由出售。如果在期满之前出售，收益率则取决于出售的价格。从这个意义上说，目前本书所解释的收益率是"持有债券至期满时的收益"（期末收益），所以准确地说是**到期收益率**（或称最终收益率）。

既然存在到期收益率，就意味着还有未到期时的收益率。例如以当前市价买入五年后到期的债券，两年后再卖出，我们可以计算出此种情况下的收益率。这就是**持有期收益率**。不过，由于事先无法确定售价，因此在计算持有期收益率时要对售价做出一些假设。这是一种模拟计算，即假设价格保持在目前的水平，或者价格发生一定幅度的涨跌时会发生什么情况。如果以期中出售为前提，那么就需要事先进行各种模拟计算。但这些计算出的收益率取决于作为计算前提的假设的售价，所以不可能成为市场的通用语言。因此，收益率通常指的就是到期收益率。

最后介绍一下**有效收益率**，这是债券投资者在收取票息后将款项按特定利率再投资，根据所有最终投资结果得出的收益率。

对于零息债券，有效收益率等同于到期收益率。这是因为在债券到期之前没有票息累积，没有票息再投资的问题。换言之，零息债券的到期收益率明确表示了投资的最终结果。

而固定利率债券的最终投资结果因票息的再投资回报而存在差异。即使持有债券至期满，投资结果也会有一定的不确定性。假设以一定的收益率将票息再投资，那么能推算出最终实际收益，由此可计算出有效收益率。因为此计算的前提是假设的票息再投资收益率，所以仍是一种模拟计算。另外，如果假设所有票息的再投资收益率都等于到期收益率，则该债券的实际收益率也等于到期收益率。

因此，虽然计算零息债券收益率和固定利率债券收益率时使用了相同的概念，但两者的含义略有不同。只要持有债券至期满，零息债券的收益率就是确定的。而固定利率债券的收益率则并非固定不变，最终的投资结果可能略有偏差。

让我们从另一个角度来看这个问题。复合收益率的定义公式在计算时考虑了现金流产生的时间，正因为如此，复合收益率是比单利收益率更为准确的收益率指标。然而复合收益率实际上也存在一个问题，那就是它假定同一利率适用于发生在不同时间的所有现金流，而这并没有考虑到利率水平通常会发生变化这一事实。

这是固定利率债券收益率本身的局限性导致的。由于收益率的作用是用一个数字来表示某一债券的盈利能力，因此如果是具有多个现金流的债券，只有假定同一利率适用于所有现金流，才能求出单一的收益率值。

因此，固定利率债券的收益率具有一定的模糊性，因为收益率对应多个现金流，无法明确收益率与哪一年产生的现金流相对应。

零息债券的收益率则不存在这种模糊性。因为零息债券的收益率只有一个对应的未来现金流，所以很清楚是哪一年的收益率。因此，在金融理论这一严谨的领域中，提到利率时一般指零息债券的收益率，称作**即期利率**（spot rate）或**零息利率**。

严格来说，不仅是零息债券的收益率，所有到期时才产生未来现金流的利率都是即期利率或零息利率。本书不继续深入探讨这个问题，我们只需了解，若要对金融产品进行严格估值，就必须使用这种利率。

第三节 债券价格与收益率的关系

在前两节里我们以债券在市场上的交易价格为基础，计算了某个价格下的债券收益率。那么，作为估算收益率前提的债券价格又是如何确定的呢？

债券买卖是一种市场交易，债券价格当然是由供求关系决定的。如果买方多，价格就会上升；如果卖方多，价格就会下降。那么，买方决定以某个价格购买债券的依据是什么呢？这个依据就是收益率。投资者和债券经销商通过观察价格背后的收益率来做出买卖决定，如果某个价格能够确保足够高的收益率，他们希望买入；反之，如果收益率降至这个水平之下，他们就准备卖出。

虽然债券交易归根结底是一种定价交易，但也可以说它实际上是一种收益率交易。

虽然买方希望以尽可能高的收益率买入，但最终他们获得的收益率不可能高于目前市场实际交易的收益率。也就是说，买方只能决定是否以目前市场上交易的收益率买入。对卖方而言亦是如此，虽然卖方希望在自己持有的债券的预期收益率降至足够低的水平时再卖出，但他仍要决定是否以目前市场上交易的收益率卖出。

这样，债券市场交易就自然形成了各个期限的收益率水平，其中期限超过一年的部分称为长期利率，收益率水平的示意图可参见图 3-3。

究竟是什么因素决定了债券收益率的水平，我们把这个问题留到第五章讨论。这里我们主要讨论当市场上的债券收益率水平变动时，债券价格是如何变化的。

首先，我们考虑利率水平整体上升，债券收益率也上升的情况。

虽然各种利率的具体走势有差异，但基本上是同步变动的。所以当其他利率上升时，债券收益率也会随之上升。这一变化的具体过程可解释如下：

举例来说，如果在同一时期借款，银行贷款利率上升，但债券收益率仍然维持在较低水平，那么发行债券是更好的选择，因为能以较低的成本筹集资金。对于投资者而言情况则恰恰相反。如果债券收益率低于其他利率水平，他们就不愿意投资债券。在这种情况下准备通过债券融资的人增多，而愿意通过债券借出资金的人减少。这导致债券收益率上升，而且这种上升压力将持续下去，直到债券收益率与其他利率水平近乎一致。

从价格的角度来看，债券发行者增加，投资者减少，这意味着卖家增加，买家减少，将导致价格下降。从借贷双方的关系来看，这意味着利率上升；从债券买卖双方的关系来看，这意味着价格下降。因此当利率上升时，债券收益率上升，债券价格下跌。

这种债券收益率与债券价格之间的反向变动关系非常重要。债券收益率和债券价格像是一枚硬币的正反两面，因此无须考虑孰先孰后。债券收益率上升和债券价格下降只是同一事物的不同表现。

前文中我们已经解释过如何根据债券价格计算收益率，下面依然以固定利率债券的单利收益率公式为例进行说明，通过这一计算公式我们能够更加清晰地看到两者之间的关系。

$$单利收益率 = \frac{票面利息（每年每 100 日元）+ \dfrac{100 - 购买价格}{剩余年数}}{购买价格}$$

如公式中阴影部分所示，公式里价格出现在两处。随着价格下降，分母变小，分子中的右侧"100-购买价格"部分变大。不用计算我们也能清楚地看出，债券价格下降，意味着可以用更少的投资获得更多的回报，因此收益率上涨。

也可以换个角度看：许多投资者认为，当利率水平整体上升时，债券投资的收益率也必须上升，这样债券才值得投资。那么如何提高债券投资的收益率呢？债券的票面利率在发行时是固定的，无法更改。这意味着在发行时原本处于适当水平的票面利息如今吸引力大打折扣。要想继续吸引投资者，唯一的办法就是降价。因此，需要提高"100-购买价格"这一部分来补偿当下不占优势的票面利息。

当利率水平整体下降时，情况就截然相反了。随着价格的上升，上面公式中的分母变大，分子变小。固定的票面利息足够吸引投资者，因此无须降价销售，债券的价格也就上升了。

以上就是利率变化时债券价格波动的基本机制。与股票相比，债券的价格波动有一定的区间，一般来说债券价格不会一飞冲天，也不会像掉入无底洞般持续下跌。[一]原因就在于，债券到期时一定能拿回 100 日元。

换句话说，债券价格将在到期时恢复到 100 日元。因此，即使利率上升导致债券价格在债券存续期间下跌，债券价格也会在临近到期日时再次接近 100 日元。如果利率下降导致债券价格在债券存续期间上涨，情况也是一样。随着到期日的临近，曾经上涨的债券价格也会向 100 日元靠拢。

债券也被称为安全资产，这就是它的主要特点。若要在尚未期满时出售债券，就必须以当时的市场价格出售，这一价格决定盈利或亏损。但是如果持有债券至期满，那么在这个过程中价格波动的影响会逐渐减小，最终的收益率与最初购买债券时计算的收益率（最终收益率）基本一致。

[一] 如果债券发行方的信用恶化则情况又有不同。如果债券发行方无法按承诺支付本金和利息，或者违约风险极大，债券价格就会大幅下跌。本书此处并不特别考虑发行方的信用情况，只考虑利率变动引起的债券价格变化。

第四节　收益率变化时债券价格如何变化★

价格波动的幅度与久期成正比

我们已经看到收益率和债券价格之间存在反向变动关系，但如何衡量这种关系的强弱呢？举例来说，如果收益率上升 0.5%，债券的价格会下降多少？

我们可以用收益率对描述价格的等式进行微分运算，从而计算出这种关系的强度。我们能理解两者之间的关系即可，不过度聚焦具体计算。

在上一节中，我们说过当票面利率是固定的，为了提高收益率就必须降低价格。换言之，降价的目的是提高收益率，若要收益率上升 0.5%，价格就必须做出与这 0.5% 相匹配的向下调整。

简单来说，我们假设债券最初定价为 100 日元。单利收益率公式中，分母略有变化影响不大，我们重点关注分子部分。如果债券的价格从 100 日元变为 99.5 日元，则"100－

购买价格"这一部分增加 0.5 日元。由于分母接近 100，可计算出比率约为 0.5%。但是，如果距离到期有 4 年，则每年只有 0.125%（=0.5%÷4）。在此情况下，要使收益率提高 0.5%，价格必须下降大约 2 日元（=0.5 ×4）。

以上就是基本的计算思路。如果债券收益率发生变化，那么债券价格的变化应该是收益率的变化百分比乘以债券的剩余年数。这一比例关系在零息债券中体现得最为明显。[⊖]固定利率债券的情况要稍微复杂一些。我们在前文中多次提到，固定利率债券可以看作几种零息债券的组合。这里我们依然沿用此思路，以图 4-2 所示的固定利率债券为例，把这一债券看作四种零息债券的组合（见图 4-4）。

这里的每个零息债券价格变化相对于收益率变化，基本上与债券到期剩余年数成比例。若将固定利率债券看作这些零息债券的组合，债券价格的变化则是零息债券价格变化的总和。因此，固定利率债券价格的变化率应该与这些假定构成该固定利率债券的零息债券（各现金流）以各现金流占债

⊖ 若用微分方法准确计算，设 r 为年复合收益率，n 为到期剩余年数，零息债券价格的变化率与 $-n \times \dfrac{1}{1+r}$ 成正比，其中 n 前面的负号表示收益率上升时价格下降这一关系。

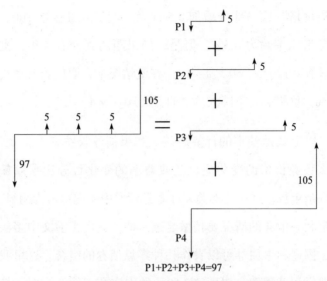

P1+P2+P3+P4=97

图 4-4　将固定利率债券看作零息债券的组合

券现价的比重为权重计算出的到期剩余年数的加权平均值大致成正比。

以零息债券（各现金流）占债券现价的比重为权重计算出的零息债券到期剩余年数的加权平均值被称为**久期**⊖。也就是债券各期现金流支付所需时间的加权平均值。久期是加权时间，是各零息债券（债券各现金流）到期剩余年数的加权平均值。债券的收益率变化时，固定利率债券价格的变化率

⊖ 久期实际上有多种不同的定义。本书中所介绍的久期又称麦考利久期，是最常见的久期定义。

　利息的故事：利率背后的金融世界

一般与久期成正比。因此，当收益率的上涨量为 Δr，我们可以通过下面这个公式近似计算出债券价格的变化量，其中 P 为原来的债券价格。

$$债券价格的变化量 = -P \times \Delta r \times 久期$$

当然，零息债券也可以计算久期。单个零息债券只有一个到期时间，因此无须计算加权平均值，零息债券的久期等于它的到期剩余年数。

抛开具体的计算不谈，固定利率债券的久期大致有以下几个特点。

当到期剩余年数较少时，久期的值与到期剩余年数非常接近。到期剩余年数越多，久期的值也会相应增加，但增加的程度会逐渐变缓。因此，对到期剩余年数特别多的债券，如 30 年期或 40 年期债券而言，久期远远小于到期剩余年数。久期也受票面利率和收益率变化的影响，所以要想获得准确的数值，就要在每次情况发生变化时重新计算。

总之，收益率发生变化时的债券价格的变化率与久期大致成正比。特别是对于到期剩余年数较多的固定利率债券，只有准确计算久期，才能把握与收益率变化相关的价格变动程度。

浮动利率债券是利率风险极小的债券

在本章的最后，将简要介绍一下浮动利率债券。

浮动利率债券是指并不提前确定未来利率的债券。最常见的债券类型是固定利率债券，发行时确定的票面利率在整个存续期内保持不变，因此票息金额也是预先确定的。此外，考虑到零息债券的票面利率固定为零，所以它们也属于固定利率债券。

乍看之下，固定利率债券和零息债券未来领取的金额是固定的，似乎风险较小，但实际上正如前文中曾提到的，固定利率债券和零息债券的价格会随着市场利率水平的变化而波动，因此存在一定的价格波动风险。

浮动利率债券未来领取的金额并不确定，从这一角度看的确存在一定的风险，但在市场利率变化时，却未必有价格波动风险。

尽管浮动利率债券的未来票息是不确定的，但约定了如何确定票息。浮动利率债券有许多不同的类型，每种类型都有不同的风险特征，因此不能将它们混为一谈。但通常会规定利率与当时的短期市场基准利率联动。关于这一点可以参看第三章浮动利率的相关内容。

那么，当市场利率发生变化时，普通的浮动利率债券的价格又会如何变化呢？事实上它们基本不发生变化。要探究其原因，我们需要复习一下为什么市场利率上升时，固定利率债券和零息债券的价格会下降。

假设当市场利率为1%时，发行了票面利率为1%的固定利率债券。如果投资者以100日元的价格买入，收益率应为1%，即收益率正好等于市场利率。如果市场利率上升到2%，那么1%的票面利率低于2%的市场利率，新的投资者就会寻求低价带来的额外收益，以弥补较低的票面利率。换言之，为了弥补市场利率与票面利率之间的差距，价格必须发生变化，这是固定利率债券价格波动的基本原理。

与此相反，对于普通的浮动利率债券而言，对于尚未确定的票息，无须因市场利率变化而调整价格。例如，如果浮动利率债券的票息是参照TIBOR计算的，那么由于TIBOR本身就是市场利率，因此相当于该债券用当时的市场利率来计算票息。这意味着如果市场利率上升，未来的票息也会相应上升，因此投资者总是可以获得与市场利率相近的收益率。然而，这是在票息未确定的情况下，如果市场利率在债券的利率确定后发生变动，市场利率与债券的利率之间仍会有差距。但是，如果付息间隔为6个月，浮动利率债券的利率固定的最长期限为6个月，因此投资者也最多承受6个月内价格波动的风险。

在这里，浮动利率债券的到期剩余期限并不重要，毕竟价格波动风险只是在利率固定的期间产生的，而不是在到期剩余期限内产生的。所以，无论到期剩余期限有多长，普通的浮动利率债券的价格都不会与100日元有太大的出入。因此浮动利率债券的价格波动风险很小。

当然，这里讨论的只是与市场利率变化相关的价格波动风险。事实上，如果发行方的信用状况恶化，债券价格就会下跌。这一点固定利率债券和浮动利率债券并无不同。

第五章

利率如何确定

第一节　社会经济状况与利率

本章我们将探讨利率水平是如何形成的（决定利率水平的主要因素），这是利率最本质的问题。

我们先从社会经济状况与利率之间的基本关系入手。

经济活动不可避免地涉及资金的流动。经济活动越活跃，资金流动就越频繁。此时难免会出现暂时的资金短缺，影响商业交易。为了应对这一情况，借贷资金的需求增加了。

上述是对周转资金的需求。随着经济活动的持续活跃，对设备投资的需求也会增加。例如，企业为了提高生产能力，需要研发新产品、新服务，升级店铺和物流设施。设备投资需要企业在相对较长的时间内预留出大笔的资金，这也大幅增加了对资金的需求。

因此，当市场繁荣、经济活动活跃时，对资金需求也会增加，于是会出现资金竞争，人们愿意支付更高的利率来借钱，进而推动利率上升。如果经济不景气，情况则相反，利率就会下降。

社会经济状况与利率之间的这种关系说明利率的高低基本上反映了经济情况的好坏。

然而，近年来利率波动的这一基本机制并不总是那么清晰明了。原因之一是经济发展趋于平稳，市场极度繁荣的情况比较罕见。此外，近年来企业持有的现金越来越多，所以即使经济形势略有好转，企业也没有筹集大量资金的需求。

同时，日本的人口变化趋势，即出生率下降和人口老龄化的情况也抑制了人们对日本国内市场增长的预期。很多企业减少了在日本国内的生产投资，转而将资金投向海外。海外投资将增加外汇的筹资需求，但不会增加日元的筹资需求。

综上所述，经济形势向好、公司业绩良好、设备投资增加而利率却未见上升的情况越来越常见了。

换言之，利率不仅受经济形势的影响，还受到本国投资机会的影响。如果市场上有很多有较高回报的投资机会，即使利率稍高，人们也会积极投资，对资金的需求也会增加。反之，虽然低利率意味着人们可以以较低的利率借入资金，但市场上有较高回报的投资机会并不多。

一个社会是否存在有利可图的投资机会主要取决于经济增长潜力的大小。如果市场规模不断扩大，劳动生产率稳定提高，那么就应该有大量优质的投资机会。由此我们可以认为利率水平反映了一国经济的增长潜力。

具体来说，经济增长潜力大的国家的平均利率水平较高，而经济增长潜力小的国家的平均利率水平较低。除此之外，如果当前经济形势好转，利率将升高，如果经济不景气，利率也会降低。

然而，利率也会因其他与经济增长潜力和经济形势无关的负面因素而上升。例如，若一个国家发生金融危机，会导致该国货币被抛售，资金流向国外。这种情况下无论经济形势如何，利率都会飙升。

因此，虽然适度的高利率通常反映了一国经济的强劲实力，但过高的利率水平或利率急剧上升可能表明该国遇到了某些麻烦。

第二节　资金过剩与利率

1990年日本泡沫经济崩溃后，日本经济进入了一个低增长时期，这一时期被称为"失去的20年"或"失去的30年"，同时这也是一个低利率时期。这一时期的低利率在很大程度上是由于经济陷入低速增长，此外资金过剩也对利率产生了重大影响。

事实上，这一时期资金过剩是一个全球现象，并非只发生在日本。虽然主要工业化国家的经济增长率一直在下降，但家庭持有的金融资产却在持续增加。如图5-1所示，在此期间英、日、美、德各国的家庭金融资产均在持续增加。尤其是日本，尽管代表经济活动规模的国内生产总值（GDP）这一衡量经济状况和发展水平的指标未见显著增长，但家庭金融资产却不断增加。

初看之下这是个奇怪的现象，但由于出生率下降和人口老龄化等因素，当储蓄率居高不下而经济增长率下降时，家庭金融资产总额与GDP之比往往会上升。虽然美国的经济

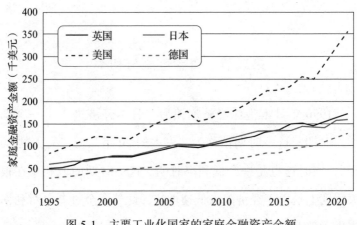

图 5-1　主要工业化国家的家庭金融资产金额
资料来源：OECD。

增长情况和日本不同，但美国家庭持有大量与股票相关的金融资产，受这一时期股价上涨的影响，美国家庭的金融资产比日本膨胀得更厉害。

　　总之，资金过剩是过去几十年来一直持续的全球大趋势。一方面，金融资产的积累增加了市场上的资金量，另一方面，发达国家的经济增长速度整体比较慢，因此资本投资和其他投资的增长幅度不大，实体经济也未能完全使用这些资金。这些剩余资金中的一部分流入股市和其他市场，其余的资金则滞留在银行、保险公司等金融机构，这反过来又促使市场利率下降。

在日本，1995 年至 2021 年间，家庭金融资产总额增加了 750 万亿日元。由于存款和保险在日本家庭金融资产中占比很高，因此通常认为这些资产中的绝大部分通过银行和保险公司成为引发利率走低的主要原因。由于这些存款和保险金额巨大，我们可以推测家庭金融资产的增加导致了显著的利率下降。

资金过剩不仅仅是家庭的财务现象，也出现在企业中。企业在借贷关系中往往属于借款方，但近年来它们手头现金充裕，借款的需求并未显著增加。企业资金充足抑制了利率上升，所以这也是利率下降的一个原因。

家庭金融资产的增加和企业融资需求的减少带来资金过剩的问题，这是经济结构的变化造成的。同时也要看到，常年的扩张性货币政策也会导致资金过剩。

当货币政策宽松时，很容易以较低利率借入大量资金。基金等金融机构可以利用这种政策环境，大幅扩充自己的投资资金。这些资金有些用于债券投资和贷款，事实上也起到了推低利率的作用。

资金过剩给当今的全球金融市场带来了巨大的影响，究其起因，既源于经济的结构性问题，也有货币政策这一人为因素的影响。需要指出的是，由经济的结构性变化造成的资金过剩状况可能极难改变，会持续数十年。而由货币政策造成的资金过剩状况则可能因政策方向的不同而发生巨大变化。

家庭资产膨胀，而公司又不愿借款，那么过剩的资金最终会流向哪里呢？这些资金流向了国家。一般而言，国家通过财政政策支出税收资金，但当税收收入无法满足必要的财政支出需求时，国家会用发行政府债券等方式，通过借入资金来支付。近年来日本国债⊖发行规模急剧扩大。

近年来，全球政府债务规模急剧扩大，日本尤为突出。众所周知，日本的未偿国债金额巨大，预计到2022财年末将达到1 026万亿日元。这一债务水平在发达国家中十分突出，从历史上看，与19世纪上半叶拿破仑战争刚结束时英国的债务状况相当。

通常情况下，当未偿国债金额过大时，国债的收益率

⊖ 在日本，国债按发行目的分为建设国债、赤字国债和重建国债。建设国债用于为公共工程建设提供资金，而重建国债则用于支持东日本大地震的灾后重建。虽然种类不同，但同属国债，在市场上交易时也没有任何特别的区分。

就会上升，原因无他——不支付高利率就无法筹集到新的资金。但事实上日本的长期利率一直保持在极低的水平。当然，这在很大程度上是由于日本央行的货币政策，这一点将在后面的章节中讨论。从资金流向来看，资金极度过剩导致大量资金流入国债市场，即使发行了大量国债，也会被迅速吸收。

因此，资金过剩导致的低利率总是伴随着国家预算赤字的扩大和未偿国债的增加，可以看作一体两面的现象。

第三节 物价与利率

与股票等金融资产相比，债券通常被称为安全资产。当然，也有高风险的债券，例如信用度低的发行人发行的有不能按约定支付本金和利息的信用风险的债券。信用风险特别高的债券被称为垃圾债券或高收益债券，不被视为安全资产。不过，许多由信用度高的发行人发行的债券，尤其是发达国家政府发行的国债，基本上可以视为安全资产。[⊖]

当然，无论信用度有多高，债券价格都会随着市场利率的变化而波动。因此，如果在未期满时出售债券，投资收益取决于卖出价格，有时甚至会出现亏损。而如果持有高信用等级的债券直至期满，获得的投资收益应该与购买债券时的预期收益一致。那么，是否持有信用良好的债券至期满就没有任何损失风险呢？事实未必如此，对于债券这种安全资产来说，有一个重要的风险因素不容忽视。

⊖ 如果国家本身的信用度低，那么即使是国家发行的政府债券也不再是安全资产，市场会要求与信用风险相称的利率。此外，各发达国家的信用度也存在差异，也曾出现过因市场警惕其信用风险而导致国债收益率大幅上升的情况。

这个因素就是通货膨胀。

例如，现在购买 100 日元的债券，10 年后到期，期满后兑回 100 日元本金。从实际交易的金额来看似乎没有什么损失，但是如果这 10 年中物价上涨了一倍，那么虽然从金额来看价值不变，但债券的实际价值降了一半。如果现在 100 日元能买一个面包，那么 10 年后，收回的 100 日元本金只能买到半个面包。

名义价值是历史成本所反映的账面价值，以该货币量可以买到的东西来衡量的价值称为实际价值。当发生通货膨胀时，债券的实际价值就会下降。许多债券由于到期时间较长，所以面临着通货膨胀导致实际价值下降这一巨大风险。

为了规避这种风险，可以要求获得高于预期物价上涨率的利率。例如，预计物价的年上涨率为 1%，如果能获得 2.5% 的年利率，就可以弥补通货膨胀造成的价值缩水，并在此基础上获得 1.5% 的实际收益。在这个例子中，2.5% 的利率被称为**名义利率**，而扣除 1% 的通货膨胀率后表示实际收益的 1.5% 被称为**实际利率**。换句话说，我们通常所说的利率包含了实际收益和对通货膨胀造成的损失的补偿。**费雪方程式**是反映名义利率和实际利率关系的公式。

费雪方程式：

利率（名义利率）＝实际利率＋通货膨胀率的预期值

等式中的通货膨胀率的预期值指市场参与者平均预期的未来通货膨胀率。

从以上的公式可以看出，如果普遍预计通胀率上升，贷款方就需要补偿通胀带来的损失，所以名义利率就会上升。反之亦然。

实际利率是通过某种方式计算得出的，通常不会明确地显示出来。利率由实际利率和通货膨胀率的预期值两部分组成，这一观点在考虑经济增长和利率之间的关系时非常重要。

本章的开头部分介绍了经济发展与利率之间的关系，经济增长率是衡量经济发展的综合指标，经济增长率也包含名义经济增长率和剔除了通货膨胀影响的实际经济增长率。换言之，名义经济增长率可以理解为实际经济增长率和物价上涨率的和。实际经济增长率更为重要，因为它体现经济增长的实际状况。

这些术语不仅相似，而且名义经济增长率和实际经济增长率之间的这种关系与名义利率和实际利率之间的关系直接相关。生产效率提高、市场规模扩大推动经济实际增长，实际利率是经济实际增长部分的体现，与物价上涨无关。

如果实际的经济活动停滞，实际利率就会下降，若实际的经济活动发展势头好，实际利率就会上升。反之，较低的实际利率对经济有刺激作用，而较高的实际利率则有抑制作用。

在经济实际增长值上加上物价上涨的部分就是经济名义增长值，名义利率与名义经济增长率相对应。

利率中包含的内容大多是基于预测的，以 10 年期利率为例，现在交易的利率反映了对未来 10 年经济形势的预判。因此，实际经济增长率和基于预测的利率并不总是一致，但毫无疑问它们是密切相关的。将经济增长率和利率分为实际部分和通货膨胀部分，能够使二者之间的对应关系更为清晰，也能帮助我们更好地辨明导致利率波动的因素。

我们说债券有通货膨胀的风险，为了弥补这种风险，投资者应该获得超过通货膨胀率预期值的利率。可是谁也无法预知未来的通货膨胀率。在前面的例子中，预计物价的年上涨率为 1%，如果能拿到 2.5% 的（名义）利率，可获得

1.5% 的实际收益。但如果物价上涨远超预期，达到 3%，实际价值就无法避免地缩水了。因此，通胀率高于预期而导致债券实际价值下降的风险依然存在。

下面介绍一个较为专业的知识。有一种特殊的债券可以完全避免这种风险，它被称为通胀挂钩债券。这种债券的本金会随着物价的上涨而增加。如果债券最初以 100 日元发行，但在债券到期时物价已经涨了一倍，那么债券的本金也将增加到 200 日元。

这种债券因为实际本金在到期前会发生变化，所以无法提前计算出准确的名义收益率，但可以计算出本金保持不变情况下的收益率。如果发生通货膨胀，可以用增加本金的方式来补偿实际价值的减少，所以计算收益率时不必考虑通胀因素。也正因为在计算时剔除了通货膨胀的影响，在这种情况下收益率等同于实际利率。

前文中曾提到实际利率通常是看不见的，但通胀挂钩债券的收益率（假设在本金不变的前提下计算）是看得见的实际利率。顺便一提，日本政府发行了 10 年期通胀挂钩国债。日本政府发行各种类型的债券，其中自然也包括本金固定不变的 10 年期普通国债。普通国债的收益率是根据固定的本息金额计算出来的，属于名义利率。

同样是日本政府发行的 10 年期国债，通胀挂钩国债的收益率（计算时忽略价格上涨因素）是 1.5%，普通国债的收益率是 2.5%。前者是实际利率，后者是名义利率，两者之间 1.0% 的差额就是物价上涨率。这一通胀率与债券市场参与者平均预期的未来通货膨胀率相当。

这被称为**盈亏平衡通胀率**，即市场上预期的通货膨胀率，是经济分析中频繁使用的指标。正如后文将详细讨论的，市场对未来有超乎寻常的预测能力。虽然这种预测未必总是正确的，但盈亏平衡通胀率被认为是目前最可靠的通胀预期。

需要注意的是，虽然投资者面临着通货膨胀导致的债券实际价值缩水的风险，但从债券发行人的角度来看，也存在着通货紧缩的风险，这将增加债券发行人的实际还款负担。在物价下跌的情况下，如果不是通胀挂钩债券，债券本金数额就维持不变。这就好比借了能买一个面包的钱，却要偿还能买两个面包的钱。总之，物价波动会改变债券的实际价值，在通货膨胀的情况下对债券的投资者不利，在通货紧缩的情况下对债券的发行者不利。

第四节　货币政策的目的是什么，如何实施

正如我们在本章前几节所看到的，经济和物价的走势对利率水平有重大影响，但最终起决定性作用的是货币政策。

如果经济形势不好，物价有下行压力，利率势必随之下降。但政府为了促进经济发展，消除通货紧缩的压力，就会采取扩张性货币政策来进一步推动利率下降。反之，当经济过热，物价上涨，利率亦会上升，政府为了抑制通货膨胀，会采取紧缩性货币政策，进而推高利率。利率水平基本上是由市场交易决定的，而货币政策对此有很大影响。

货币政策在决定利率水平方面非常重要，本节将详细探讨这一问题。首先，我们需要思考，货币政策的目的到底是什么？

虽然各国的情况并不相同，但总的来说货币政策的主要目的是稳定物价水平，促进经济健康运行。在日本，法律规定货币政策的目的是"稳定物价"，其中自然包含了通过稳定物价帮助经济平稳发展之意。在美国，除了"稳定物

价"，货币政策的目的还包括"就业最大化"，旨在通过稳定物价促进经济持续增长，并以可持续的方式力求实现就业最大化。

总而言之，稳定物价是货币政策的重要目的。经济过热会使物价加速上涨，如果物价上涨的势头无法阻挡，就有引发恶性通货膨胀的风险，进而给经济和人民生活带来严重打击。因此，为了防止这种情况发生，就需要采取紧缩性货币政策。

紧缩性货币政策会给经济踩刹车，如果刹车过头就会导致经济衰退，因此要在平抑物价和保持经济发展之间取得平衡，但这是非常困难的。在以往高通胀的环境下，货币政策的重点往往是平抑物价，哪怕会导致些许的经济减速。但近年来低通胀的趋势较为明显，货币政策更重视促进经济发展。

如果经济增长乏力，就会出现通货紧缩的风险，而通货紧缩将长期抑制经济增长。为了防止这种情况发生，就需要实施宽松的货币政策。然而，过于宽松的货币政策会为未来的通货膨胀埋下隐患，甚至会推动资产价格异常上涨，形成泡沫。不过，近年来尽管持续实施扩张性货币政策，但很少引发经济过热或通胀压力上升，因此可以预见扩张性货币政策还将持续较长一段时间。

总之货币政策必须在稳定物价和经济增长两者之间取得平衡，而"稳定物价"一词的内涵就是通过这种平衡来实现经济的可持续增长。

物价既不能涨得太高，也不能跌得太低，一般认为理想状态下物价应以非常缓慢的速度持续上升。这是因为货币政策对通货紧缩的作用是有限的，所以最好留有一定的余地。关于这一点后面的章节中将详细论述。日本央行将物价调控的目标设定在消费者价格指数同比增长 2%。尽管对 2% 这一目标还存在争议，但事实上全球许多中央银行都将保持消费者价格指数 2% 的增长率作为调控目标。

那么，货币政策究竟是如何运作来实现这些目标的呢？

货币政策工具有常规的，也有非常规的。以日本为例，日本央行为无担保隔夜拆借交易利率这一主要市场利率设定了指导目标。这是常规货币政策工具，通过调控利率水平来抑制或刺激经济活动。

同业拆借市场是银行之间进行资金交易的市场。如果银行业整体资金短缺，资金的借贷利率就会上升；如果资金过剩，借贷利率就会下降。日本央行通过调整流入该市场的资金量，诱导资金的借贷利率接近指导目标。具体来说，货币政策的主要手段是日本央行与银行之间进行国债等有价证券的交易。例如，如果日本央行想提高市场上资金的借贷利率，就会向银行出售自己持有的债券。这将减少银行手头的资金量，提升同业拆借利率。相反，如果日本央行想降低市场上资金的借贷利率，就会购买银行持有的债券等有价证券。这将增加银行的资金量，降低同业拆借利率。

这种通过买卖有价证券来调整资金量的做法被称为**日本央行的公开市场操作**⊖，用于引导无担保隔夜拆借交易利率达到目标水平。

无担保隔夜拆借交易利率是银行将其剩余资金用于投资的利率，因此银行设定筹集资金的利率（如存款利率）不能独立于无担保隔夜拆借交易利率。相反，当银行需要资金时，无担保隔夜拆借交易利率就会成为融资成本，因此贷款利率的设定也不能脱离这一利率。综上所述，无担保隔夜拆借交易利率是银行设定各种利率的基础，其变化将影响经济

⊖ 也被称为公开市场业务。除了买卖债券，还可以向银行贷出资金。

的各个层面。

接下来，我们来看看非常规货币政策。所谓的**非常规货币政策**有多种变体，在此我们重点关注**量化宽松的货币政策**和**负利率政策**，日本至今还在使用这两种政策。

日本可谓非常规货币政策的先行者之一。首先，日本于1999年推出了零利率政策。这基本上属于常规货币政策的延伸，只是将无担保隔夜拆借交易利率的指导目标降至接近零。然而零利率本身就打破了传统观念，因为在此之前人们普遍认为，利率不仅不应该降为负数，还应该在正数水平的范围内有一个下限。

随后，日本于2001年推出了量化宽松的货币政策。该政策的主要内容为日本央行通过购买民营金融机构持有的国债，为市场提供大量资金。量化宽松货币政策的操作目标是供给的资金量。而常规的货币政策以无担保隔夜拆借交易利率为操作目标。这就是两种货币政策之间最大的差异。量化宽松的货币政策下市场利率往往会下降，但最重要的是，这项政策增加了流入市场的资金量，造成了资金过度冗余。

通过上面的介绍，我们了解到日本央行主要通过向银行购买国债等资产来提供资金。一种比较夸张的说法是，在经济衰退时可以从直升机上直接撒下钞票，即所谓的"直升机撒钱"。如果这一幕成为现实，撒钱行为是由政府来执行的，这属于财政政策而非货币政策的范畴。在实际的货币政策中，日本央行只是通过交易增加银行的现金储备。

只有当银行将剩余资金用于贷款和其他用途时，才会对经济产生刺激作用。若只是将增加的现金储备放在手头，起不到任何作用。

从物价的角度看，有经济学家认为，如果市面上流通的货币量增加，物价就会上涨，由此可避免通货紧缩[⊖]。量化宽松的货币政策可以看作基于这一理论的抗通缩政策。当然，这些由货币政策供应的资金也只有在被实际用于经济活动时才会显现效果。

量化宽松的货币政策首先由日本推出，随后被其他多个国家采用，人们对该政策的实际效果有不同的评价。在日

⊖ 货币数量论这一主流的货币理论认为，增加货币供应量会推高物价，减少货币供应量则导致物价下降。然而许多时候这种关系并不明显，近年来的日本就是一个例子。

本，这一政策消除通货紧缩的效果并不明显，却产生了各种次生效应。究其原因，可能是央行供应的巨额资金中的大部分并未流入实际的经济活动。这个问题将在最后一章中详细讨论。

货币政策中的另一剂猛药是负利率政策。最早引入负利率政策的是欧洲，而非日本。瑞典率先于 2009 年实行负利率政策，随后丹麦、欧元区及瑞士[⊖]在 2012～2014 年先后实行负利率政策。日本于 2016 年引入了负利率政策。

在日本，银行将其超额的现金储备存入在日本央行设立的存款账户，即日本央行活期账户。由于日本实行负利率政策，这意味着银行必须为此支付利息，所以银行会尽量把钱投到利率稍高的地方。这导致市场上的各种利率进一步下降，贷款增加，从而有望实现刺激经济的效果。

虽然负利率政策并非全无效果，但对它的评价存在分歧，有意见认为该政策带来了一些副作用和不良影响。例如，对银行而言负利率意味着成本增加，负利率这一货币政

⊖ 瑞士是永久中立国，安全风险低，金融基础雄厚，其货币瑞士法郎作为一种安全资产存在被超买的情况，因此瑞士有时会采取负利率作为对策。例如，瑞士早在 1972 年就临时采取过负利率政策。本书第六章将具体介绍利率与汇率之间的关系。

策会导致贷款利率下降这一结果，这些都在事实上减少了银行的收益。该政策压缩了银行的利润空间，还降低了银行承担风险、主动放贷的积极性，从而导致量化宽松货币政策的效果无法扩散开来。

无论如何，非常规货币政策都是一种试验性政策，其有效性在某种程度上可以说是不确定的。它是在政策利率下降过多、以往的常规货币政策已经失效的情况下采取的无奈之举。不过，这些非常规货币政策显然已将利率长期维持在前所未有的低水平上。

截至2022年，随着新冠疫情结束后的经济复苏，以及全球物价大幅上涨，欧美各国也开始逐渐摆脱零利率、负利率甚至量化宽松的货币政策，这也被称作"货币政策正常化"。这导致了目前欧美各国的利率水平大幅上升。

图5-2显示了美国政策利率的变化趋势。从图5-2中我们可以看出，一直呈下降趋势的政策利率到达0%附近后开始大幅上升。

目前日本依然实行负利率政策和量化宽松的货币政策，因此利率水平并未像美国和欧洲那样发生显著变化。

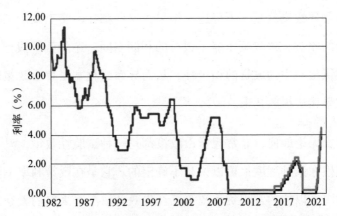

图 5-2　美国政策利率（联邦基金利率目标水平）走势图
（1982 年 9 月至 2022 年 12 月）

注：自 2008 年起，政策利率的目标水平以上限和下限表示。
资料来源：圣路易斯联邦储备银行。

第五节　日本央行作为货币守护者，是一个怎样的机构

日本央行（日本银行，Bank of Japan）负责日本的货币政策，根据《日本银行法》，日本央行属于特殊法人。它发行的"出资证券"类似于公司股票，同上市公司的股票一样可以在东京证券交易所交易，因此普通人也可以成为日本央行的出资人。

不过，日本央行并非股份公司，也没有股东大会和表决权。这意味着即使持有日本央行的出资证券也不能干预其管理。此外，法律规定日本政府对日本央行出资须占50%以上，因此普通个人出资比例不会过半。

日本央行的职责除了发行日本银行券（即纸币），制定和执行货币政策，还包括"银行的银行"和"政府的银行"这些职责。

所谓"银行的银行"，是指各银行在日本央行开设活期账户，通过这些账户进行银行间的资金结算。例如，从 B 在

A 银行开户的存款账户向 D 在 C 银行开户的存款账户转账时，会从 B 在 A 银行的账户中扣除转账金额，而相应增加 D 在 C 银行的账户的余额。但这只是该业务在各银行的记账处理，实际的资金流动是从 A 银行的央行账户转入 C 银行的央行账户。

所有涉及银行的资金转移最终都集中在各银行的日本央行的活期账户之间的资金转移，体现在各银行在日本央行活期账户中的余额增减。各银行会用盈余资金在同业拆借市场投资，资金不足时则从同业拆借市场筹资。

日本央行作为"政府的银行"，是指日本政府在日本央行开设账户，管理财政资金和其他与政策相关的资金的进出。

日本央行的最高决策机构是政策委员会，由九名成员组成，包括一名行长、两名副行长和六名理事会成员。委员会所有成员的任期均为五年，由日本内阁经国会同意后任命。政策委员会每年举行八次审议货币政策的货币政策会议，九名成员投票表决相关政策。

日本央行扮演着如此重要的角色，其资本金却只有 1 亿日元。当然，央行自己可以印刷纸币，所以本就不需要那么多资本金吧。另外，截至 2022 年 3 月底，日本央行的自有资本（包括资本金、储备资产及利润结转）约为 4.7 万亿日元。

日本央行的资产负债表[⊖]非常特殊，其中大部分资产为购自银行和其他金融机构的国债等有价证券。在扩张性货币政策，尤其是量化宽松的货币政策下，央行的总资产会大幅膨胀，所以央行的总资产通常被视为衡量货币政策宽松程度的指标。截至 2022 年 12 月底，日本央行的总资产达到 704 万亿日元，远高于日本的年度 GDP，高于这一衡量国家经济状况和发展水平的重要指标。日本央行总资产与 GDP 的比值是全球最高的，这也说明日本央行很长一段时间内持续推行扩张性货币政策。

日本央行的大部分负债是各商业银行存在日本央行活期账户的存款。此外，日本央行发行在外的日本银行券也被视为资产负债表上的负债。这似乎有些难以理解，因为一般来说负债必须在某个时点偿还，但发行纸币却没有什么需要偿

⊖ 资产负债表用来表示企业资产和负债状况。

还的。[⊖]日本央行通过发行货币实现了等同于筹集资金的效果，作为发行机构自然应担负维护纸币价值的义务，所以发行纸币被归类为负债。

最后一个问题是：日本央行赚钱吗？这因时机而定，日本央行有时会盈利，有时会亏损。例如，日本央行发行纸币时并不附带利息，若用这些发行的货币购买有价证券，就可从中赚取收益，即用以零利率筹集到的资金投资获利。这被称为铸币税（货币发行收益，seigniorage），一般而言这就是日本央行的收入来源。然而，日本央行并不是一家营利性公司，因此超过一定限度的利润需要上缴国库。

相反，如果日本央行的日常开支，以及当日本央行的活期储蓄利率为正时所支付的利息等支出超过其资产端的有价证券收益，日本央行就会亏损。如果发生亏损该如何解决呢？

从现状来看，日本央行不能用财政资金来弥补损失，因为财政收入源自税收。日本央行要向国家上缴利润，却不能要求国家帮助填补亏空，这确实是个痛点。不过日本央行可

⊖ 本书第一章中出现的可兑现货币具有债务权证的性质，可以用来兑换黄金或白银等储备资产。而现在的不兑现货币则不具备这种性质。

以自己印刷纸币，不至于因资金短缺而破产。

此外，如果日本央行身陷巨额债务，人们会对货币和财政政策的可持续性甚至对日本丧失信心，从而引发日元这一日本央行发行的货币价值的暴跌。如果发生这种情况，必须采取注入财政资金等措施来恢复央行的信誉。

第六节　货币政策的溢出渠道

在前面的章节中我们曾经解释过货币政策通过操纵特定目标，如无担保隔夜拆借交易利率、日本央行的活期储蓄利率来影响市场利率，本节将对这一过程进行更详细的介绍。

任何货币政策下，货币政策溢出渠道中的第一个关键点都是无担保隔夜拆借交易利率等极短期的市场利率。

日本目前的负利率政策对日本央行活期存款中的超额存款实施负利率，并没有为无担保隔夜拆借交易利率设定直接的指导目标，但这在实践中并没有太大区别。

目前，如果日本央行活期账户的存款余额超过一定水平，就会实施 –0.1% 的负利率，前文中也提到过，如果商业银行在央行的账户有超额存款，该银行一定会通过其他方式进行投资，以赚取高于 –0.1% 的收益率。而最基本的投资方式就是无担保隔夜拆借交易。只要该交易的利率略高于 –0.1%，就比把钱留在日本央行的活期账户中要好。相反，如果无担保隔夜拆借交易利率低于 –0.1%，那么此项投资就无收益可言。如前所述，央行的超额存款准备金利率是短期市场利率的下限。

因此，在目前的负利率政策下，无担保隔夜拆借交易利率应略高于 –0.1%，如维持在 –0.03% ～ –0.07% 这一区间。

隔夜交易的资金交易期限只有一天，而市场上必定有在一定期限内一次借出或借入大笔资金的需求。短期货币市场既有拆借交易，也有固定期限的借贷，后者属于定期产品的交易。贷款利率等一些常见的利率都是以这些定期利率为基础计算得出的。

那么，市场上这些定期利率的水平是如何确定的呢？

举例来说，我们假设当前的隔夜拆借利率是 0%，而且大多数市场参与者预计至少在未来三个月内日本央行不会改变货币政策。

如果某银行需要筹集资金，借期为三个月，最方便的做法就是做三个月定期的借贷融资。

另一种做法是，在这三个月内，每天都以隔夜拆借的方式融资，事实上也能满足为期三个月的融资需求。如果预计未来三个月的隔夜拆借利率始终维持在当前的 0%，那么三个月内连续进行隔夜拆借的预期平均融资成本在 0% 左右。

在这种情况下，若三个月定期的融资利率远高于每日进行隔夜拆借的利率，定期融资就吃了大亏。相反，如果三个月的定期利率低于 0%，那么大家会纷纷采用定期融资的方式。因此，三个月的定期利率基本上应确定在接近 0% 的水平。

那么，当考虑到货币政策有可能发生变化时，情况又会如何呢？假设日本央行有 50% 的可能性在一个半月后召开的货币政策会议上将无担保隔夜拆借交易利率定为 0.5%。如果加息真的发生，那么在加息前的一个半月里连续进行隔夜拆借的预期平均融资成本为 0%，加息后的一个半月内该项成本为 0.5%，计算可得三个月的平均融资成本为 0.25%。若不加息，则平均融资成本仍为 0%。加息概率为 50%，意味着有 50% 的可能性预期平均融资成本为 0.25%，也有 50% 的可能性预期平均融资成本为 0%。因此预期平均融资成本的期望值为 0.125%。在这种情况下，在市场上三个月定期利率大致会确定在接近 0.125% 的水平上。

由此可见，设定的定期利率应接近于在借期内连续进行

利息的故事：利率背后的金融世界

隔夜拆借的预期平均融资成本，可以说定期利率水平反映了对未来货币政策的预期。

我们也应考虑到，以每日进行隔夜拆借的方式来融资会有一定的风险。例如意料之外的重大事件导致利率飙升或市场瘫痪，导致无法融资。为了规避这种风险，如果能够一次保证三个月的融资，有些人可能愿意支付比连续隔夜拆借的预期平均融资成本稍高的利息。

这种以固定期限借入资金时产生的额外利息被称为**期限溢价**或**流动性溢价**。除非市场因某种原因出现动荡，一般情况下较短期限借入资金的溢价不会很高。[○]因此，普遍认为对未来货币政策的预期决定短期利率水平的这一机制是短期利率水平形成的最重要因素。

即使借款的期限变长，以上内容也是基本适用的。例如，当下五年期的借款利率，应该是未来五年内连续进行隔夜拆借的预期平均融资成本，再加上五年的期限溢价。

○ 期限溢价的高低在很大程度上取决于有关利率中包含了多大程度的信用风险。若是几乎不含信用风险的利率，其期限溢价就可以忽略不计。如果利率包含一定的信用风险，例如此处我们用来举例的银行融资成本，期限溢价就会随着期限的变长而增加。此外，如果存在期限溢价，一旦市场受到任何压力，溢价水平就会大幅飙升。

基于同一原理，可以认为五年期借款利率接近于五年内按三个月期借款利率连续融资 20 次的预期平均融资成本，也接近于按一年期借款利率连续融资 5 次的预期平均融资成本。

然而，预测三个月后的政策利率水平相对容易，但预测五年后的政策利率水平却很困难，市场参与者对五年后政策利率水平的预期可能也会有很大差异。另外，期限越长，期限溢价就应该越高。也可以说期限越长，利率中反映对货币政策未来预期的部分就越模糊，期限溢价的影响就越大。

未来的风险因素和不确定性越多，这些期限溢价往往就越高。因此，如果未来货币政策的不确定性增加或者财政风险受到特别的关注，长期利率就会飙升。而这种上涨是恐慌情绪推动的，而非因为对未来的合理预期。

然而，即使这些不确定性逐渐增加，每个期限内利率水平的走向，即收益率曲线，也是由对未来货币政策方向和确定性的预期从短期向长期溢出所形成的。

因此，如果央行坚持执行扩张性货币政策这一立场，市场长期利率可能会被推至更低水平，而这将导致长期贷款利率和债券发行收益率也保持在较低水平。扩张性货币政策的影响就这样一步步地扩散到经济活动的各个角落。

反之，如果央行积极采取紧缩性货币政策来消除对通货膨胀的担忧，那么市场长期利率就会在未来政策利率上调的预期下大幅上涨，进而通过长期贷款利率和债券收益率的上涨，将紧缩性货币政策的影响扩散到整个经济活动中。

需要注意的是，市场在对货币政策做出预测后并不只是被动地做出反应，市场也会评价货币政策是否妥当。例如，对通货膨胀的担忧与日俱增，央行却淡化风险，继续执行扩张性货币政策。这一举措也许会使政策利率在一段时间内保持在较低的水平，但这一情况也会让市场参与者意识到通胀率或将飙升，由此在未来某个时候政策利率可能大幅提高。

如此一来，会出现短期利率保持在低位而长期利率快速上涨的情况。这就是市场预测货币政策会失灵，随后会出现修正。这种情况被称为"**落后于曲线**"，即中央银行落后于收益率曲线所反映的市场预测。

反之，若市场参与者普遍认为中央银行过度收紧货币政策，增加了经济衰退的风险，未来可能出现政策利率的下调，就会出现短期利率居高不下，但长期利率迅速下降的局面。

中央银行也经常会根据这些市场反应调整货币政策，甚至有时市场反应会倒逼央行修改政策。因此，货币政策与市场利率之间的影响并非单向的，市场利率的变动有时也会影响货币政策。

债券市场的这种预警行为有时被形象地称为"债券卫士"（bond vigilante）。"债券卫士"不仅对货币政策，还对财政政策的可持续性起着重要的监督作用。如果市场认为财政赤字已经增长到不可持续的地步，未来财政崩溃的风险增加，国债就会被抛售，长期利率也会随之飙升。

例如，2022年9月，英国特拉斯政府宣布了一项没有财政支持的重大减税政策，英国国债市场立即陷入低迷，长期利率随之飙升（见图5-3）。长期利率的急剧上升不仅增加了利息支出负担，还使公共财政状况进一步恶化，对英国经济造成了沉重打击。最终，一个月后，2022年10月减税方案被撤回，这一风波最终导致英国前首相特拉斯下台。真可谓"债券卫士"大显威力。

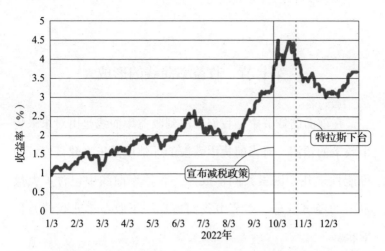

图 5-3　英国国债危机：英国 10 年期政府债券收益率走势（2022 年）

资料来源：Investing.com.

第七节　收益率曲线的形成

在前面的章节中，我们了解到收益率曲线是由对未来货币政策的预测、对当前货币政策的评估以及未来政策修订的可能性这几个因素共同形成的。收益率曲线中包含了大量重要的经济信息，本节中我们梳理一下收益率曲线的各种形状。

首先，假设经济形势是货币政策在未来很长时间内都不会发生变化。在这种情况下，作为收益率曲线起点的隔夜利率在未来很可能保持不变，定期利率，尤其是短期利率的水平将接近当前的隔夜利率水平。

由于预计未来货币政策不会发生变化，因此长期利率也应基本保持在同一水平。但随着期限变长，利率水平会因未来预测的不确定性以及期限溢价的增加而逐渐上升。这种情况下的收益率曲线形状十分平缓，并轻微上扬。

现在，我们以这一状态为起点，来探索收益率曲线的 4 种基本形态。假设在经济向好的同时，对通胀的忧虑也逐渐增加，进而对未来施行紧缩性货币政策的预期也会增加。在这种情况下，长期利率将上升到包含未来紧缩性货币政策的水平。如图 5-4 左上角所示，收益率曲线呈陡峭上升的形状，被称为**陡峭化**（steepening）。

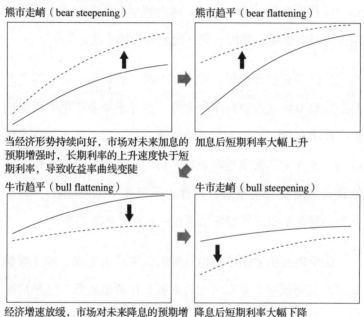

熊市走峭（bear steepening）

熊市趋平（bear flattening）

当经济形势持续向好，市场对未来加息的预期增强时，长期利率的上升速度快于短期利率，导致收益率曲线变陡

加息后短期利率大幅上升

牛市趋平（bull flattening）

牛市走峭（bull steepening）

经济增速放缓，市场对未来降息的预期增强时，长期利率早于短期利率开始下降

降息后短期利率大幅下降

图 5-4　收益率曲线的基本变化形态

一般来说，当经济繁荣、通胀逐步上升时收益率曲线会呈现此形状。但如果曲线突然出现陡峭化变动，则可能是市

场对"落后于曲线"的担忧陡增的体现，可视为通胀的预警信号。

投资者对市场看跌时，市场被称为熊市[○]。当投资者看跌债券时，债券会被抛售，导致利率（收益率）上升，因此债券市场利率上行是熊市行情。而当利率上升和收益率曲线陡峭化同时发生时，两者合在一起就称为熊市走峭。

当央行真正开始提高政策利率时，短期利率也会随之上升。如果市场认为加息步伐太慢，预计未来需要更大幅度地提高政策利率，长期利率就会继续上升；如果认为加息步伐适当，预计未来无须过度加息，长期利率就会趋于平稳。这使收益率曲线变得平缓，被称为**平坦化**（flattening）。利率上升和收益率曲线平坦化结合在一起就是熊市趋平。

待全面实施紧缩性货币政策的效果开始显现，经济增长放缓，市场预期未来有可能转向扩张性货币政策。这种情况下短期利率仍将维持在高位，长期利率先于短期利率开始下降。此时的收益率曲线平坦化伴随的是利率下降。

利率下降意味着债券被大量买进，因此投资者对市场是

○ 因为熊总是自上而下挥动熊掌，因此市场行情下行被形象地称为熊市。

看涨的。一般来说此时的市场被称为牛市[⊖]，因此债券市场利率（收益率）下降被称为牛市行情。利率下降和收益率曲线平坦化两者组合在一起就被称为牛市趋平。

随着牛市趋平的逐步推进，长期利率会变得低于短期利率，导致收益率曲线的形状持续向下倾斜，这被称为**收益率曲线倒挂（反向收益率曲线）**。收益率曲线倒挂不太常见，它被认为是经济衰退的一个前瞻性指标。顺便一提，常见的向上倾斜的收益率曲线被称为正向收益率曲线。

最后，我们来看央行降息后收益率曲线的典型走势。降息自然会导致短期利率下降。如果市场判断降息步伐过慢，预测未来会进一步降息，长期利率将继续大幅下降；但如果市场判断降息步伐适当，过度降息的必要性就会降低，长期利率会停止下降。此时利率下降的同时收益率曲线陡峭化，被称为牛市走陡。

以上就是收益率曲线的几种基本变化形态。

收益率曲线的实际形态是在以上这 4 种基本形态的基础上添加各种因素复合而成的，下面我们来看几个例子。

⊖ 因为公牛总是从下往上仰头挑起牛角，所以市场行情上行被形象地称为牛市。

图 5-5 显示的是日本国债在不同时间点的收益率曲线。2021 年 12 月底的收益率曲线显示，国债的负收益率将持续长达 8 年左右。这反映了当时市场的观点，认为在可预见的时间范围内负利率政策不太可能得到调整。

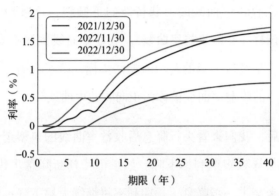

图 5-5　日本国债收益率曲线

另外，该收益率曲线显示，大约 10 年后国债收益率开始由负转为正。但这未必意味着市场预测届时货币政策会发生变化。可能是由于期限溢价较高，以及到期年限不同的债券对应不同的市场参与者。在债券市场上，期限为 10 年以上的债券的主要买家是寿险公司和养老基金。若债券的收益率过低，就会无人问津，这也在一定程度上阻止了收益率的下降。

我们再来看看 2022 年 11 月底和 2022 年 12 月底的收益率曲线。可以看出两条曲线中 12 月底的曲线上升得更为陡峭。尽管幅度不大，12 月底的利率水平也有所上升，属于熊市走峭。当时日本国内物价持续上涨，欧美各国利率上升，此时市场预期日本有可能略微收紧货币政策，虽然时间尚不明确。收益率曲线形态的变化正是这一背景下市场预期的体现。

这两条收益率曲线在 10 年期限附近显得被压平了，这是因为日本央行通过收益率曲线控制，人为地压低了 10 年期日本国债的收益率。在现行的货币政策下，10 年期日本国债的收益率被控制在"大致 0%"的水平，但也允许存在波动范围。日本央行在 2022 年 12 月召开的货币政策会议上将波动范围从 ±0.25% 变为 ±0.5%。换言之，10 年期日本国债的收益率在 11 月底的上限为 +0.25%，但在 12 月底上限变为了 +0.5%。

虽然从表面上看，扩大波动范围是一种技术性的修正，但考虑到市场利率已经贴近上限，这实际上意味着允许利率上调，事实也确实如此。从收益率曲线也能看出政策的这一变化确实产生了较大的影响。然而，即使政策有所改变，曲线在 10 年期限附近被压平的现象也未消失。这表明收益率曲线未能基于市场因素自然形成，国债收益率依然处于被货币政策人为控制的状态。

图 5-6 为 2019 年 8 月底美国国债的收益率曲线。当时美国经济发展势头良好，曾经降至零的美国政策利率正在逐步上调。与此同时通胀压力并未增大，认为当前政策利率过高的观点迅速成为主流。

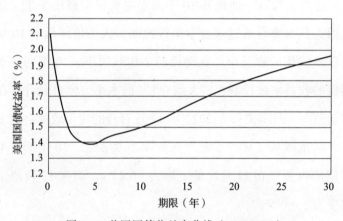

图 5-6　美国国债收益率曲线（2019/8/30）

资料来源：Investing.com.

2019 年 8 月，美联储开始小幅调整政策利率，但收益率曲线在 5 年以内基本呈现倒挂趋势。这表明市场对政策利率将继续下调的预期越来越强烈。此外，虽然收益率曲线倒挂被视为经济衰退的标志，但 5 年后收益率曲线一直保持着正向的形态。可以认为，市场同时存在乐观的预期，认为只要政策利率下调到位，经济就能很快恢复活力。收益率倒挂并不一定就意味着整条收益率曲线都呈现持续向下倾斜的形态。像图 5-6 这样收益率曲线部分倒挂的情况非常普遍。

随后，美国的政策利率如收益率曲线所预测的逐步下调，但 2020 年新冠疫情袭来，短时间内给美国经济带来了严重的冲击，导致了经济衰退。虽然市场无法在 2019 年 8 月就预见到新冠疫情的发生，但收益率倒挂是经济衰退的前兆这一经验法则的确应验了。

图 5-7 为 2022 年 12 月底美国国债的收益率曲线，这条曲线形态复杂、非同寻常。当时美联储为应对不断上升的通胀压力而不断加息，而且这种情况可能会持续一段时间。因此收益率曲线的前段非常陡峭，之后一直到 10 年期限附近，呈现出非常明显的收益率曲线倒挂。这反映了市场认为经济将受到快速加息的冲击，同时通胀压力迅速消减，其后又不得不转而降息。

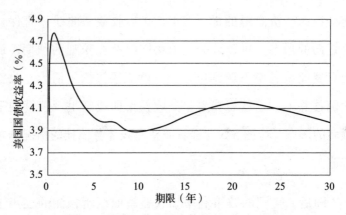

图 5-7　美国国债收益率曲线（2022/12/30）

资料来源：Investing.com.

这种观点是否正确还有待观察，但图 5-7 中的收益率曲线是一个很好的例子，告诉我们收益率曲线不仅受到当前政策利率的影响，还受到未来政策调整可能性的影响。

　　　　　　　　　　　利息的故事：利率背后的金融世界

第八节　利率市场预测未来的能力

如上一节所述，收益率曲线倒挂被认为是经济衰退的一个前瞻性指标。收益率曲线倒挂是指长期利率水平低于中短期利率水平的现象。但正如在图5-6、图5-7中看到的那样，倒挂现象往往出现在收益率曲线的特定部分，因此拿来做比较的利率不同，结果也会不同。比较利率的方式有很多种，并没有一定之规。据说美联储侧重于比较3个月期利率和10年期利率。比较这两种利率，如果10年期利率较低，则认为亮起了经济下行黄灯。2年期和10年期利率之间的比较也比较常见。

图5-8是美国10年期国债利率减2年期国债利率的利差（yield spread）图。图中的正值表示收益率曲线为正向的，负值则表示收益率曲线倒挂。图中阴影部分表示美国经济衰退时期，当2年期国债与10年期国债收益率倒挂（利差为负值）时，我们可以看到在统计期限内，随后毫无例外地都发生了衰退。虽然从利差为负值到经济衰退开始之间的时间长短不一，但毋庸置疑这是一个准确率极高的经济衰退预测工具。

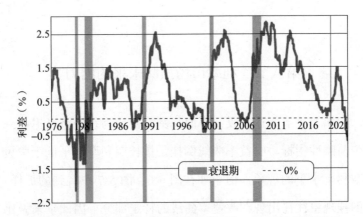

图 5-8　美国国债利差（10 年期国债利率 −2 年期国债利率）
资料来源：圣路易斯联邦储备银行。

在 2022 年 12 月底这一时点，利差再次大幅转为负值。我们正在密切关注经济的后续走势，看看这一预测工具是否再次给出正确答案。

为什么一旦收益率曲线倒挂就会出现经济衰退？对此有几种观点。其中一种观点认为，收益率倒挂的出现是导致经济衰退的重要因素。

银行在资金融通中扮演着重要的角色，银行吸纳存款，然后再贷出以赚取利差。存款利率通常与短期利率挂钩，而贷款利率则与短期利率或长期利率挂钩。一般来说，存款利率通常更接近短期利率，而贷款利率则更接近长期利率。如果收益率曲线的形态是正向的，意味着长期利率高于短期利率，也就是说贷款利率高于存款利率，银行有比较大的利润空间。相反，收益率倒挂意味着银行的利润空间受到挤压，导致银行不愿意积极放贷。这最终会引发货币收缩，经济衰退。

另一种观点认为，因为市场具有超强的预测能力，所以收益率曲线倒挂成为经济衰退的前瞻性指标。我认为这种观点很有说服力。

在市场上，大量的市场参与者汇集了各种各样的信息，进行着海量的交易，所有这些最终形成了市场行情。市场行情中包含远超投资者和经济学家所能掌握的信息，因而市场被公认为具有非常出色的预测能力。

本书中多次出现"市场预测……""市场判断……"等表达，它们并不代表某个人的观点或判断，它们是众多市场参与者参与市场交易时自然形成的。这些预测和判断中包含了所有市场参与者做决策时的判断依据，信息的多样性使其具有很强的预测能力。

现在我们用一个游戏来举例：如果我们面前有一头肥

牛，请猜猜它的重量。不同的人给出的答案可能会大相径庭，甚至会有相当离谱的答案。当然，也有人能给出基本正确的答案，但如果换几头牛来让他重复地猜下去，恐怕很难每次都猜对。

此外，如果有足够多的人参与这个猜重量的游戏，所有参与者给出的答案的平均值往往会接近正确答案。[○]市场也是如此。

不过，想要得到准确的群体平均意见，必须具备某些条件。需要有足够数量的客观理性、分析能力强的参与者，而且参与者还要不受他人影响，能提出多样化的意见。这样的参与者越多，群体的平均意见就越准确，如果不满足这些条件，未必能够得到准确的平均意见。

股票市场也有出色的预测能力，能够发现新技术、新的成长型公司，甚至还能预判未来经济的走向。但股市的行情有时也呈现出不合理的涨跌趋势。当股市的参与者沉浸在乐观的情绪中，认为美好的未来触手可及时，股价可能会一路飙升，远远超出合理范围；当股市的参与者集体陷入悲观情绪，股价又会非理性地快速下跌。

○ 佩奇. 多样性红利 [M]. 贾拥民, 译. 杭州: 浙江教育出版社, 2018.

这是由于在股票市场中，股票价格会随着当时市场情绪的变化而大幅波动，市场参与者在某种程度上也需要迎合市场情绪，在这种情况下，保持对未来多样性的看法并非易事。

即使是最优秀的经济学家也很难预测未来，即使碰巧预测对了一次，也很难保持下去。相比之下，股票市场的平均意见则准确得多。我们常说"市场是最好的经济学家"，就是因为市场有卓越的预测能力。

债券市场的预测尤其可靠，不像股票市场那样容易出现较大偏差。这是因为债券价格的波动性小于股价，也更容易根据对未来货币政策和其他因素的预测计算出合适的收益率，所以债券市场不会因过度乐观而产生泡沫。因此债券市场预测经济趋势的能力非常强，这也是把收益率曲线倒挂看作经济衰退的重要前瞻性指标的原因。

第九节　长期利率是经济的体温计

前面的几节里我们重点讨论了收益率曲线的形态，在本章的最后来谈谈长期利率的绝对水平。

前文中曾提到，10 年期国债的收益率通常被用作长期利率的指标，10 年期利率基本反映了对未来 10 年货币政策的预测。然而，到期时间越长，要做出准确的预测就越困难。

展望未来 10 年，甚至更长的时间，我们很可能经历几个繁荣与衰退的周期。这意味着对未来货币政策的预测更加不明确，但同时又可以对繁荣期与衰退期的经济指标做平均，把握与整个期限内经济活动平均水平对应的利率水平。

在较长期限内经济的平均增长程度，除去价格上涨的影响，可以用潜在经济增长率来表示。潜在经济增长率是剔除短期变量后，在中长期内可持续的实际增长率，它是由实际的经济水平决定的。

与潜在经济增长率相对应的利率水平称为**自然利率**，可以认为两者应该基本匹配。

自然利率与潜在经济增长率基本匹配，是因为对经济发展的"冷""热"程度而言它是中性的利率水平。潜在经济增长率是国民经济的自然或正常状态下，收入与利润的平均增长率。如果利率高于这一水平，会导致社会融资成本高企，企业和个人借入资金进行消费和投资的行为受限。因此，若实际利率高于潜在经济增长率会抑制经济。相反，如果利率低于收入和利润的平均增长率，会刺激企业和个人积极融资，从事更多的经济活动，因此实际利率低于潜在经济增长率能刺激经济发展。

如果实际利率与潜在经济增长率保持同一水平，对经济的影响就是中性的，既不抑制，也不刺激。

在短期内，扩张性货币政策会导致实际利率下降，而紧缩性货币政策则会推动实际利率上升。然而，在一个较长的时期内，这种扩张－紧缩的周期会重复多次，这些周期中利率的预期平均值将接近中性利率水平。

物价上涨率亦是如此，对较长时期内的物价上涨率的预测应接近物价上涨率的平均值。因此，名义长期利率大致等于潜在经济增长率和平均物价上涨率相加的值。当然，潜在经济增长率和自然利率的具体数值较难估算，实际上，经济也未必总是严格按照公式运行。但可以认为潜在经济增长率是长期利率水平变动的一个重要影响因素。

因此，潜在经济增长率低、平均物价上涨率低的国家，基本上长期利率也处于较低的水平。相反，潜在经济增长率高、物价上涨压力大的国家，长期利率往往比较高。这就像新陈代谢旺盛的年轻人体温较高，而新陈代谢缓慢的老年人体温较低。正是基于这一比喻，有人提出"长期利率是经济的体温计"。

虽然潜在经济增长率在长期利率的形成中起了重要的作用，但长期利率还受到当前经济环境和物价趋势的影响，所以长期利率有时会大幅波动。

例如，如果经济增长超过了自身的真实能力，经济就会过热，通胀压力加大，从而导致长期利率大幅上升。若用人做比喻，这就像因免疫系统过于活跃而发高烧，这也是一个信号，告诉"身体"需要通过收紧货币政策、抑制经济活动进行治疗。

反之，如果经济增长低于自身能力，通胀压力变小，长期利率也会下降，经济就会患上"低体温症"。这说明需要采取一些刺激经济的措施，尽可能地让经济活动活跃起来。

　　由此看来，长期利率的确是经济的体温计。从长期利率的水平和趋势中我们能看到一个国家经济领域的种种情况。

第六章

看懂利率就看懂了经济

第一节　利率对经济的影响

高利率和低利率各有利弊

通过前面章节的论述，我们了解到利率水平是由货币政策和未来经济前景决定的。下面我们梳理一下利率对经济的影响。

利率下降会对经济产生什么影响？

利率下降对经济的首要影响就是增加消费和投资，扩大经济规模。

家庭部门整体来看资金是比较充裕的，但在家庭部门中，年轻一代往往缺乏资金，资金充足的主要是相对年长的一代。而年轻一代的消费积极性更高，购买房屋等的意愿更强。两代人在资金和消费意愿方面都有较大的差异。金融的作用之一就是弥合这一差距，利率就是可以使用的工具。低利率让年轻一代更容易借入资金，用于购买房屋及耐用消费品，这反过来又刺激了经济增长。

尽管近年来资金过剩也波及了企业，但整个企业部门仍然资金紧张。企业依然需要借钱来维持经营，进行设备投资。这些行为的成本就是利率，因此低利率可以降低企业的成本，提高企业的利润率，帮助企业积极进行设备投资。

　　目前，各国普遍资金不足，国家资金缺口远超企业部门所需的资金。从财政赤字的角度来看，国家为了弥补财政支出超过税收收入部分所付出的成本就是利率。较低的利率水平可以降低这一成本，国家也更容易维持较大规模的财政支出。财政支出能够扩大需求，起到刺激经济的作用。

　　然而，虽然低利率可以通过各种渠道发挥刺激经济的作用，但对于持有大量金融资产的家庭来说，这会影响利息收入，影响家庭资产的形成。低利率一旦常态化也会产生不利影响和副作用，会让经济长期处于低增长状态，还会引发棘手的经济泡沫。对于这个问题会在下一章详细论述。

　　当利率上升时，情况则恰恰相反。

　　利率上升会抑制家庭消费、购房以及企业的设备投资，经济将面临巨大的下行压力。财政赤字的成本也会增加，若应对失措还会引来"债券卫士"，导致长期利率飙升，给经济造成更加沉重的打击。

看上去高利率会引发一系列糟糕的事态，但当经济过热或通胀压力增大时，高利率有助于抑制经济，缓解通胀压力。

当然，过犹不及，如果利率上升过快，会导致企业破产，失业人数陡增，经济陷入严重的衰退，带来巨大的损失。

因此，高利率和低利率有各自的作用，如果管理得当，可以促进经济稳定发展，利率过高和过低均会带来各种有害的影响。

经济泡沫与利率之间的关系

下面我们谈谈经济泡沫与利率之间的关系。

引发经济泡沫的因素有很多，低利率环境是泡沫滋生的最主要基础。

低利率具有鼓励对风险资产投资的效果。当风险资产的价格在低利率环境中持续上涨时，投资者会普遍感到这是难得的投资机会，这会引发对风险资产的购买狂潮。价格上涨会引发新的购买，而新的购买又会导致价格进一步上涨。

与此同时，市场上弥漫着一种漠视风险的大胆情绪。投资者也更趋于利用低利率借入资金进行新的投资。通过借入资金来增加投资额度叫作杠杆投资⊖，在低利率环境中杠杆投资更容易扩散开来。

最终，风险资产的价格大幅上涨，超过了人们认为合理的水平，这就是经济泡沫。

因为受益于泡沫的资产持有者只是社会中的一小部分人群，所以经济泡沫事实上拉大了资产的差距。随着泡沫不断膨胀，房地产也成为风险资产，房价一路上涨，导致普通家庭越来越难以购买自住房产。

另外，高利率具有抑制经济泡沫的作用，可是这种作用有时会以激烈的方式表现出来。

高利率推高了原本建立于经济泡沫时期的杠杆投资的成本，带来了巨大的偿还和违约压力，沉重的利率负担迫使投资者出售用借款购买的资产。抛售导致资产价格下跌，这间

⊖ 杠杆投资是一个带有比喻色彩的说法，指通过借入资金来增加投资额度，从而放大投资收益，这与使用杠杆放大自己的力量如出一辙。

接导致其他投资者的杠杆投资被平仓。这种不断抛售的恶性循环最终导致市场崩盘。

经济泡沫是人类历史上不断重复出现的一种现象。低利率滋生泡沫，高利率导致泡沫破灭，可以说利率的波动进一步加剧了这种循环，从已有的经验来看，任何泡沫都不会永远存在。泡沫一旦破灭，会使市场蒙受巨大损失，给经济带来沉重打击。

采用何种货币政策来应对经济泡沫是一个非常棘手的问题。

虽然我们可以确定某些现象是经济泡沫的具体表现，但没有明确的标准可以判断是否已经发生了足以对整个经济产生重大影响的经济泡沫。所以人们常说，"只有在泡沫破裂之后才知道是泡沫"。

此外，我们很难通过货币政策来成功控制经济泡沫。因为货币政策虽然可以控制利率，但却无法控制利率变化引起的投资者的心理变化。另外，虽然可以通过货币政策控制股票市场，但不能保证这种政策同样适用于实体经济。

因此，主要发达国家基本上不会以控制泡沫为目的来实施货币政策。例如，不会因为股价涨得太高而提高利率。

另一方面，如果任由泡沫破灭导致资产价格大幅下跌，很可能引发经济长期衰退、通缩压力加剧。在这种情况下，一般建议实行积极的扩张性货币政策。可以说货币政策对泡沫的基本立场是对泡沫破灭做出事后应对，而非将控制泡沫当作货币政策的直接目标。

因此，货币政策基本不会将股价等资产价格的变动作为直接目标，但中央银行对股价变动还是具有一定的敏感性。近年来日本中央银行对股价下跌尤其敏感。

股价变化被认为是经济状况变化的前瞻性指标之一。因此，无论出于何种原因，股价暴跌都是经济状况恶化的警示信号。虽然股价暴跌未必是政策直接造成的，但人们普遍认为股价暴跌说明政府的经济政策或央行的货币政策失败。因此，当股价开始大幅下跌时，货币政策就会面临放松的压力。

然而，货币政策与股票价格的变化在某种程度上是不对称的。股价大幅下跌有可能导致扩张性货币政策，而股价大幅上涨则不会伴随政策调整，这就造成在股价一次次的大幅波动中，货币政策逐渐累积了向宽松方向的偏离。

　　事实上，在近年来长期的低利率环境下，日本股价基本上是持续上涨的，但政策利率却在每次股价波动的过程中逐步下调。较低的潜在经济增长率和较低水平的物价压力是造成这一现象的主要原因，但当代货币政策对股价的下跌比上涨更加敏感，这一偏差也给利率走势带来了一定的影响。

第二节　汇率行情随利率变动

实际需求与投机交易

利率不仅影响经济泡沫的消长，对金融市场的其他动向也有非常重要的影响。本节我们来看看汇率和利率的关系。

外汇（forex，foreign exchange）交易一般指不同货币之间的兑换交易。

汇兑一词是表示资金结算方式的术语，有两种类型：只限于日本国内的日元资金结算称为国内汇兑，跨国结算叫国外汇兑。国外汇兑不可避免地涉及不同货币的兑换交易。

贸易业务不可避免地涉及不同货币之间的兑换。例如，进口商从国外进口商品并在日本国内销售。如果以日元支付进口商品的货款，情况就比较简单。但许多进口商品是用外币进行交易的。例如，原油通常以美元交易，所以进口商手头的日元必须兑换成美元才能支付货款。

出口商的情况正好相反，它们将日本生产的商品销往国外。如果商品在美国销售，销售额是以美元计算的，而日本国内的生产成本是以日元计算的，销售额也必须以日元计算才能进行核算。只有将美元兑换成日元，才能核算出以日元计算的销售额。

外汇交易并不仅仅存在于对外贸易中，投资和融资中涉及的外汇金额更为巨大。日本公司在海外建厂或收购外国公司属于直接投资，此外日本投资者也可以投资外币现钞或外国股票，这些交易都不可避免地伴随着外汇交易。

在此类外汇交易中，不同货币之间的兑换比率称为汇率。在日元和外币之间的兑换交易中，汇率通常是以某一单位的外币现在可以兑换多少日元来表示的。例如，日元和美元之间的汇率可表示为：1 美元 =135 日元。这意味着可以用 135 日元买入 1 美元，抑或卖出 1 美元能获得 135 日元。此外，经济新闻报道的汇率是银行间市场的交易汇率，普通客户去银行兑换外币则要按照实际汇率，即以在上述汇率的基础上加上银行手续费等其他费用后的汇率来兑换。

关于汇率，还有一个令人费解的小问题，这就是一般用日元表示美元的价格。

如果"1美元=135日元"这一汇率中的数字从135升至140，这表明美元价格上涨，即美元升值。但我们在说明这一现象时通常会用日元做主语，我们不说"美元升值"，而说"日元贬值"，尽管两者的意思是一样的。因此，美元对日元汇率升高称为日元贬值，美元对日元汇率降低称为日元升值。

汇率的表示方式以美元为基准，而在描述具体汇率时则用另一种货币（本书中为日元）相对于美元是升还是降来表示，此时句子主语是日元。这意味着汇率的起伏和文字表达中的"升值""贬值"是相反的。遗憾的是在日本，这种表述由来已久，暂时看不到更改的迹象。

那么汇率行情，如日元和美元的兑换比率，究竟是如何确定的？汇率行情是在外汇市场的交易中自然形成的，行情变动受多种因素的影响。

影响汇率行情的第一个因素是与贸易相关的货币供求关系。如前所述，进口商需要购买外汇，出口商需要出售外汇。如果贸易顺差，来自出口商的外币出售量就会超过外币购买量，这将导致外币贬值，日元升值。如果贸易处于逆差，情况则正好相反，来自进口商的外币购买量超过外币出售量，这将导致外币升值，日元贬值。

日本企业在海外直接投资，或外国企业在日本直接投资时，通常也会涉及外汇兑换交易。

这些贸易和直接投资中的外汇交易，目的不是从汇率波动中获利。这些外汇交易属于正常商业活动的必然结果，这种交易需求被称为实际需求。

除了实际需求，外汇市场还存在投机交易的需求，其目的是从汇率波动本身获利。投机交易中，为了在交易顺利时锁定利润，或在交易不顺利时防止损失进一步扩大，经常会在相对较短的时间内采取反向交易，进行平仓操作。因此，理论上投机交易对汇率行情的影响长期来看是会被抵消的。

而基于实际需求的外汇交易大体上是按需买进卖出，也不会在短期内平仓。因此，实际需求对汇率的影响会长期存在，并且影响汇率的长期走势。

然而，实际需求只占外汇市场实际交易量的一小部分。例如2022年4月，全球银行间外汇市场的日均交易量达到了7.5万亿美元[⊖]（按1美元兑换135日元计算，超过1 000

⊖ 出自国际清算银行（BIS）的调查数据。

万亿日元）这一惊人的数值。近年来，外汇保证金交易不断扩大，2022 年 9 月，仅日本市场的日均交易量就达到 60 万亿日元[⊖]。这种交易以投机为目的，主要是为了从汇率波动中获利。

相比之下，2022 年日本可能会出现有史以来最大的贸易赤字，约为 20 万亿日元。虽然这是一个非常庞大的数字，但相较于规模巨大的投机交易，它只能算是大海中的一朵小浪花。

此外，前文中提到"理论上投机交易对汇率行情的影响长期来看是会被抵消的"，这在现实中似乎也很难成立。投机交易量是如此之大，而且新的投机交易还在不断加入，个别投机交易是否平仓已不再重要。最终，实际的汇率走势会越来越取决于短期投机资金的方向，并最终形成汇率波动的大趋势。

投机资金的种类多种多样，资金的流动也受很多因素影响，其中最重要的因素之一是利率走势。准确地说，由于汇率涉及两种货币，因此两种货币之间的利差对汇率的影响很大。

⊖ 出自日本金融期货协会的调查数据。

那么利差是如何影响汇率的？下面先以教科书的方式进行说明。

以美元兑日元为例，美元的利率通常高于日元的利率，这就会催生将利率较低的日元兑换成利率较高的美元后进行投资的需求。如果利差长期保持不变，对以获取利差为目的的交易而言，交易机会已经存在了较长时间，因此不会造成新的汇率波动。当利差进一步扩大时，会产生新的购买美元的需求，此时汇率会出现变动。相反，如果利差缩小，部分已有的美元买入交易就会平仓，市场出现抛售美元的情况，带动汇率变化。

利率上升表明经济处于扩张周期，因此利差的变化表明两国之间的经济发展态势存在差异。利率相对处于上升阶段的国家，经济表现可能也更亮眼，因此也有更多的投资机会。所以利率上升的国家，其货币更有可能被买入。

此外，虽然存在以获取两国间利差为目的的交易，但实际上投资者不可能将这一利差收益尽收囊中，关于这一点我们将在后面的章节做详细论述。利率较高的国家应该有更多的投资机会，这也只是基于常理的推断，外汇市场并未实际证实这一情况，只是对利率的变化做出程式化的机械反应。

这是因为在外汇市场上只有瞬间应时而动，才能跟上走势变化。所以不管利率上涨的国家中投资机会是否真的增多了，只要利率上升，就会出现购买该国货币的动向。这形成了现实中的汇率行情。

我们也可以从投机交易成本的角度来看汇率的这些变动。

借入准备卖出币种的货币，这是投机交易中的常见操作。具体来说，如果准备卖出日元、买入美元，一般会借入日元，再将其换成美元用于投资。这种情况下需要支付利率较低的日元的利息，获得利率较高的美元的利息，赚取美元和日元利率之间的净利差。反之，如果买入日元、卖出美元，就需要支付利差。两种货币之间的利差也是外汇保证金交易中投资者收益的来源之一。

利差可以看作出售高利率货币的成本。利差越大，卖出高利率货币越难，卖出低利率货币则相对容易。而当利差发生变化时，卖出高利率货币的成本也会发生变化，从而导致交易平仓和新的交易。在利差变化中利率相对上升的货币会升值，汇率行情也随之朝着这个方向变动。

当一个国家陷入货币危机，货币被大量抛售，该国可能会提高政策利率，由此提高投机资金借入及抛售该国货币的成本，实现捍卫本国货币的目的。

正常情况下，提高政策利率是本国货币升值的一个因素。然而货币危机并不会平白无故地出现，一定存在导致危机发生的充分理由。因此为保卫货币而提高利率这一举措是否奏效，还要视具体情况而定。

下面我们来看看 1992 年的英镑危机，这是一个非常著名的为保卫货币而不断提高利率的案例。

1990 年，英国加入了欧洲汇率机制（The European Exchange Rate Mechanism，ERM），加入后英镑与其他欧洲主要货币挂钩。然而，英国经济的缓慢增长和国际贸易严重失衡，使得英国越来越难以维持这一汇率机制。乔治·索罗斯的量子基金等国际资本大鳄注意到了这一点，纷纷卖空英镑，买入德国马克及其他货币。1992 年 9 月 16 日，星期三，英格兰银行在一天之内两次大幅加息来捍卫英镑，当日加息幅度高达 5%。但英镑的卖空并未停止，英格兰银行终究没能阻止英镑大幅贬值。

这一天被称为"黑色星期三"，对于历史悠久的英国中央银行而言，是屈服于投机者的耻辱日。经此一役，索罗斯通过卖空英镑赚取了巨额利润，在业界声名鹊起，被称为"打败英格兰银行的人"。

这听起来像是一场疯狂的金钱游戏，但这个故事还有后续。"黑色星期三"之后，随着英镑大幅贬值，英国不再需要通过紧缩性货币政策来捍卫汇率，经济进入了较长的复苏时期。因此，现在也有人将1992年9月16日称为"白色星期三"，因为英国经济在这一天迎来了转机。

从这个案例可以看出，英格兰银行之前坚持的汇率变成了英国经济的沉重负担。这说明，在这样影响经济的根本问题依然存在的情况下，通过提高利率来捍卫本国货币未必能够成功。而索罗斯等人投机成功，也正是因为他们看准了英国错误的货币政策。

有外汇对冲的外汇投资与汇率之间的关系

前文曾提到过，投资者不可能将不同货币间的利差收益尽收囊中。

以日元和美元为例，日元的利率常年处于较低水平，而美元的利率一般高于日元，所以投资者会将日元兑换成美元并进行投资。但是这一行为也要承担汇率波动的风险。例如，当汇率为 1 美元 =135 日元时，将 135 万日元兑换成 1 万美元进行投资，如果汇率变为 1 美元 =130 日元，所投资的 1 万美元的价值相当于 130 万日元，这意味着蒙受了 5 万日元的估值损失。如此一来，投资美元所得的利息收入就化为乌有了。

当然，我们有办法对冲（避免）这种风险，下一章介绍的货币掉期就是一种对冲风险的主要手段。简单来说，对冲货币风险涉及的交易成本与利差相当，因此投资高利率货币的好处也就不复存在了。换言之，如果日本投资者采用对冲货币风险的方式投资美元，他们的收益基本上与日元利率持平。[⊖]

我们再来看看对汇率的影响，这种对冲型外汇投资实际上并不会对汇率产生直接影响。这是因为以获得投资资金为目的的外币买盘与以对冲风险为目的的外币卖盘相结合后，

⊖ 此外还要考虑到货币基差这一额外成本，这可能会使对冲保值后的投资业绩更差。这一问题将在下一章详细介绍。

两者的影响相互抵消。

因此，只有以承担外汇风险的形式进行的交易才会影响汇率。这种情况下投资者不可能将货币间的利差尽数拿到，需要在预测汇率波动的基础上计算收益。这种投机性的资本流动会使汇率发生变动。

购买力平价和利差：两个相互矛盾的因素

要探讨汇率的决定基础，首先要了解购买力平价这一概念。购买力体现了货币价值，这一价值是用该货币能买到的商品来衡量的。

购买力平价理论认为汇率将会趋向于，或是应该趋向于靠拢购买力平价。虽然这只是一个理论上的概念，但从几十年的较长时间维度来看，实际汇率常常与购买力平价保持一致。

人们经常引用"巨无霸指数"，也就是麦当劳的巨无霸汉堡的价格来衡量购买力。如果一个巨无霸汉堡在美国的售价是 5 美元，在日本的售价是 400 日元，从购买力的角度来比较，可得出 5 美元 =400 日元，即 1 美元兑换 80 日元。这就是这一情况下的购买力平价。这个数值当然会因所选参照商品的不同而发生变化。

购买力是货币的内在价值，两国之间的汇率会趋向于靠拢购买力平价，这一观点确实合情合理，也令人信服。然而，实际汇率未必按照购买力平价变动。这是因为源于购买力平价的汇率调整压力非常小。在前面的例子中，我们假设实际汇率为 1 美元 =140 日元，按此汇率计算，5 美元等于700 日元。这意味着，在美国 5 美元可以买到一个巨无霸汉堡，在日本用与 5 美元等值的日元可以买到 1.75 个巨无霸汉堡。然而身在美国的人不可能在日本的麦当劳买到巨无霸汉堡，若为此专程飞到日本，会花费更多。

因此，很难让实际汇率和购买力之间的差距发挥作用，这也意味着让实际汇率靠拢购买力平价的机制无法真正发挥作用。

不过，从长远来看，汇率往往会出现向购买力平价靠拢的趋势，这可能是由于贸易平衡带来的调整压力。假设有某种可以不考虑进出口成本的产品，该产品在日本的售价为 240 日元，在美国的售价为 2 美元。假设汇率为 1 美元 =120 日元，若有美国人想进口日本生产的该产品，进口价格为 2 美元，这与美国产品之间并无差价。

现在假设美国物价上涨，该产品售价为 2.4 美元。该产品在日本的售价仍为 240 日元。此时购买力平价是 2.4 美元 = 240 日元，即 100 日元等于 1 美元。如果此时实际汇率仍保持在 1 美元 =120 日元，意味着美国人仍可以 2 美元的价格进口该日本产品，这比以 2.4 美元的价格购买美国产品要划算。因此，日本对美国的出口会增加，贸易的这一变化会增加美元的卖盘，从而加大美元汇率下行的压力。这种情况将持续下去，直到汇率变为 1 美元 =100 日元，该日本产品的进口价格随之上升到 2.4 美元，与美国产品之间的差价消失。

在这种情况下，美国的通货膨胀会导致购买力平价朝着美元贬值、日元升值的方向修正，汇率也会沿着这一方向变动。

从实际情况来看，影响对外贸易平衡的还有价格以外的因素，所以汇率也未必总是呈现上述的变化路径。但对外贸易的增减使汇率更接近购买力平价这一机制是切实存在的，不过，此时的购买力平价指的是对外贸易商品的购买力平价。

前文中曾提到过，投机资金是根据两种货币之间的利差流动的，这就产生了一个问题：基于购买力平价的汇率调整机制和基于利差的汇率调整机制，两者运作的方向基本上是相反的。

一方面，如果一国发生通货膨胀，购买力平价就会波动，从而使发生通货膨胀的国家的货币贬值。另一方面，当通货膨胀发生时，国家会收紧货币政策以控制通货膨胀，因此利率会上升，投机资金倾向于买进发生通货膨胀的国家的货币。

如前所述，投机资金占据了当前外汇交易的绝大部分份额。因此在利差驱动的大量投机资金的洪流中，基于贸易调整汇率的机制几乎遁于无形。

经过上面的分析，可以看出利差是对外汇市场汇率变动最具影响力的因素。这一结论的现实基础是目前外汇市场由海量的投机资金推动。除了利差，还有很多影响外汇市场的因素，大幅偏离了购买力平价的汇率能否长期维持下去这一问题也存在争议。但无论如何，离开了利率就无法真正理解外汇交易。

第三节　利率是影响股市的重要因素

决定股票价格的因素

利率对股价水平也有举足轻重的影响力。利率对股票以及房地产等各种风险资产的价格均有重要影响，其影响各种风险资产价格的机制基本相同，所以我们在此只重点讨论股票的情况。

较低水平的利率会对经济活动产生各种影响，进而起到刺激经济的作用。低利率还会对股票价格产生直接的积极影响。将股票和债券做个比较，能帮助我们理解这个问题。利率下降，体现在债券上就是收益率下降。这大大降低了债券投资的吸引力，而增加了股票投资的魅力。一部分投资资金从债券流向股票，股票价格随之上涨。

我们也可以从经济理论的角度来探讨这个问题。这个解释不仅适用于股票，还适用于其他各种资产。

股票价格当然是由市场交易决定的，但从理论上讲，股价是将因持有股票而得到的经济利益换算成的具体金额。

持有股票意味着获得了作为该企业投资者的权利，包括参与权利和经济权利，其中参与权利包括在股东大会上的表决权，经济权利主要是取得分红的权利。分红是指从公司赚取的利润中分配给股东的利润。

股票价格则是获取这一经济权利的对价，若能计算出这一经济权利的价值，股票价格就应与这一价值相等。未来分红的金额是无法承诺的，只能根据预测来估算，但理论上可以通过将所有预期未来分红的当前价值相加来计算。

在现实生活中，人们在投资股票时，希望通过股价上涨而获得收益的人要比只考虑长期分红收益的人多。这样一来，有时股价上涨，只是由于因看涨股票行情而进行股票投资的人增加了。虽然至少在短期内，其他因素对实际股价的影响更大，但长期来看，股票中包含着只有通过持有股票才能体现的内在价值。

股票的内在价值就是该股票未来将获得的分红的价值总和，这一观点被称为股息贴现模型，它从理论上解释了股价的合理水平，是最基本的股价模型。股价模型计算出的只是合理的价格水平，未必与实际股价一致，但我们可以通过比较两者来判断实际股价是过高还是过低。

股息贴现模型根据预测股息的方法以及计算股息的期限不同，有多种计算方法。其中最简单的方法是假设未来股息收益将持续不变，并永远持续下去。这种假设有些过于简单，但此处重点探讨导致股价波动的因素，因此不过多考虑计算的精确性。那么股票理论价格可以用下面的简单公式计算：

$$股票理论价格 = \frac{每股股息}{无风险利率 + 风险溢价 - 股息增长率}$$

公司不会将赚取的利润全部用于发放分红。未用于发放分红的利润会在公司内部积累起来，作为未来进行再投资的资金来源，通常被称为留存收益。

理论上留存收益属于股东。之所以说"理论上"，是因为股东实际上只能得到股息，而无法拿到留存收益。

不过，实际上股价的构成中包括留存收益，即股东没有实际收到分红的部分。例如，美国大型 IT 公司亚马逊将所有利润保留在内部，并不分红，但它的股价却非常高。这种现象就无法用上面列举的简单的股息贴现模型来解释。总之，可以认为股价包含了理论上属于股东的留存收益，即使目前并无预期会实际获得这些收益。

因此，可以对之前的模型稍做修改，股票价值的来源不再仅限于分红，还包括留存收益。这样，之前公式中的"每股股息"就被"每股利润"取代。这又被称为每股收益（earning per share，EPS），用于计算的每股利润是税后净利润。

新的股票理论价格计算公式如下：

$$股票理论价格 = \frac{每股利润}{无风险利率 + 风险溢价 - 净利润增长率}$$

股息贴现模型公式的推导★

本节中简单介绍一下股息贴现模型公式的推导过程。如果年复利利率为 r，那么 n 年后获得的金额可以这样计算：

$$n \text{ 年后的金额} = 现在的金额 \times (1+r)^n$$

关于这一计算我们已经在第二章中介绍过。将这个公式变形可得：

$$现在的金额 = \frac{n \text{年后的金额}}{(1+r)^n}$$

这个公式是在已知利率水平 r 的情况下，计算出 n 年后金额的现值。我们把这一公式代入假定未来股息的现金流永续流入的假设中，具体的计算过程不再展开，公式可变为：

$$现在的金额 = \frac{固定金额}{r}$$

这一公式的前提是股息的支付是永久性的，利率 r 是一个常数。当然现实中并没有这样的利率，而且此处的重点也不在于精确的计算，所以此处的 r 可以大致代入长期利率。假设股息的固定增长率为 g，上述公式可变形为：

$$现在的金额 = \frac{期初股息}{r - g}$$

前面的内容中曾经介绍过，有信用风险的借款人适用的利率是无风险利率加上信用利差。股票虽然不同于资金借贷，但同样有较大风险。投资者不知道未来是否真的能收到预期的股息，也不确定公司是否会在未来某个时候破产，使股票变得一文不值。因此，计算股价时必须使用比国债收益率等无风险利率更高的利率。

计算此类风险资产的理论价格时，在无风险利率的基础上额外增加的回报称为**风险溢价**，这是投资者要求的对自身承担风险的补偿。投资股票可能赚钱，也可能亏钱。要使投资者愿意进行有亏损风险的股票投资，就要让他们认为有望比投资国债获利更多，这就是风险溢价的作用。

因此，风险溢价的高低取决于投资者的风险偏好程度。举例来说，如果投资者在投资股票时比较谨慎，厌恶风险，风险溢价水平就会较高；如果投资者愿意冒风险以获得更高收益，风险偏好程度较高，风险溢价水平就会较低。

准确地说，上文公式中出现的利率应该是国债收益率等无风险利率再加上风险溢价的值，在公式中表示为无风险利率 r 加上风险溢价 p。另外将分子部分的"期初股息"改为"每股股息"，得出以下公式：

$$股票理论价格 = \frac{每股股息}{r+p-g}$$

这就是上一小节介绍的第一个公式，再将分子部分换成每股收益（EPS），就得到第二个公式：

$$股票理论价格 = \frac{EPS}{r+p-g}$$

利率对股价的影响

我们已经探讨了股票理论价格，这些等式从理论上说明了哪些因素会影响股价。首先，股票理论价格与分子位置上的每股收益成正比，这是理所当然的。

其次，在分母位置，当 r 和 p 下降时，股票理论价格上升，而当 r 和 p 上升时，价格下降。最后，当 g 增大时，股票理论价格上升，当 g 减小时，价格下降。我们可以总结为：

- 利率下降时，股价上升；利率上升时，股价下降。
- 当投资者风险偏好程度提高时，股价上升；当投资者避险情绪升温时，股价下降。
- 当每股收益的增长预期提高时，股价上升；当增长预期降低时，股价下降。

利率下降时股价上升的原因在于，把未来的股票收益换算为现在的金额时，利率越低，换算的金额越大。换言之，相同金额的未来股票收益，在利率低时现值更大。

前文也提到过，当利率下降时，股票就会变得比债券更具吸引力。从理论上可以解释如下：

如果利率越来越低，根据上面列出的计算公式，我们会发现股价与当前 EPS 的比值变得越来越大。

股价除以每股收益的值被称为市盈率（PER），通常市盈率的值为 15 ～ 20。我们将市盈率代入上文出现过的股价模型公式，可得：

$$理论市盈率 = \frac{1}{无风险利率 + 风险溢价 - EPS 增长率}$$

我们举个简单的例子，假设无风险利率是 5%，风险溢价是 5%，EPS 增长率也是 5%，那么理论市盈率就是 20 倍。当无风险利率下降到 0% 时，很可能 EPS 增长率也会有所下降。因此，假设无风险利率为 0%，风险溢价为 5%，EPS 增长率为 3%，此时市盈率就会跃升到 50 倍。

这里的股价模型并非用于精细计算，实际的计算会更复杂一些。但我们也能看出，如果利率下降并趋近于零，甚至进一步下降变为负值，理论股票价格将会受到非常大的影响。

如果利率上升，则会出现与刚才相反的机制。利率上升会增加债券的吸引力，使股票的吸引力相对降低。我们可以将这一现象表述为：当利率上升时，股息收益的现值下降。

此外，利率上升还会影响风险溢价，而风险溢价正是影响股价的关键因素之一。利率上升会给市场带来压力，抑制经济增长，从而增加未来的不确定性，导致投资者的避险情绪升温。这对股价的负面影响可能比利率上升给股价带来的直接影响更大。

利率上升与股价下跌之间的关系尤其适用于高估值的公司。这类公司预计未来将获得更多利润，但高利率降低了这些未来利润的现值。2022年，美国利率大幅上升，股票价格也随之进入调整阶段。其中，谷歌（上市公司名称：Alphabet）、亚马逊、脸书（上市公司名称：Meta）、苹果和微软等大型IT公司的股价跌幅尤为明显。

这些公司是此前美国股市上涨的主要推动力。当然，导致这些公司股价下跌的原因有很多，但利率上升无疑对股价产生了重大影响。

第七章

什么是零利率、负利率

第一节　低利率化的历史

股票市场及外汇市场的行情很有可能一直朝着一个方向发展，再也回不到原有的水平。

例如，美国股市曾经历过数次崩盘，但从长期来看持续上涨了一百多年。今天美国的股票价格远高于一个世纪前，甚至是十年前的水平，未来也不太可能回落到过去的水平。

自过渡到浮动汇率制度以来，日元升值的势头保持了近40年，之后趋势逆转为日元贬值，谁也无法保证日元能再次回到升值轨道。也许日元会在很长一段时间内继续走弱，1美元兑换100日元的行情可能一去不复返。

然而，利率却与前两者有着本质的不同。利率有一个大致的水平，基本上会在这个大致的水平上下波动，绝不会偏离太远。当一个国家的财政濒临破产时，该国的利率会暂时上升到一个很高的水平，如果危机通过某种方式得以解决，局势趋于稳定，利率又会回到原来的水平。

然而在过去40多年中，回归中性利率水平这一利率的特性表现得并不明显。自20世纪80年代初以来，全球利率一直基本处于持续下降的趋势，2022年很可能是这一长期下降趋势的终点，但之前的下降趋势已将全球利率水平挤压至前所未有的水平，并引发了一些颠覆利率常识的情况。

在本书的最后一章中，我们将聚焦这一段利率持续走低的历史，并探讨这期间出现的一些利率新常识。

正如第五章中所述，不论是刺激经济的低利率，还是抑制经济的高利率，两者都很难在较长时间内一直持续下去。因此利率也不会持续单方向的下降或上升趋势。若利率水平持续过低，会引发经济泡沫，推动通货膨胀一路上升。相反，若利率水平持续过高，会打击经济发展的势头，严重拖累经济增长。因此，从长远来看，利率应围绕着潜在经济增长率与平均物价上涨率之和，即在中性利率水平上下波动。即使短期内利率可能在此基础上大幅上升或下降，但终将回到这一水平。

那么，为什么过去40年来利率几乎一直处于单边低位呢？原因就在于潜在经济增长率与平均物价上涨率之和，即利率最终应回归的这一中性利率水平长期以来持续下降。

包括日本和美国在内的主要发达国家的实际经济增长率一直在下降，这暗示着潜在经济增长率的下降。物价上涨率也持续走低，这表明物价上涨的压力随着时间的推移已经减弱。这两方面的影响降低了中性利率水平。

潜在经济增长率的下降在很大程度上是人口出生率下降、人口老龄化等人口结构变化的结果。同时，主要发达国家中各种产品和服务的普及率已达到极高水平，曾经在汽车和家用电器的爆发式普及过程中出现的经济高速增长也不会再现了。

通货紧缩这一物价上涨率的趋势性下降也是经济向低增长的转变造成的。技术革新和管理效率的提高使得高质量的产品被大量生产出来，但与此同时，需求只是缓慢增加，这意味着价格竞争加剧，通货膨胀难以形成。普遍认为，自20世纪90年代以来，中国和其他一些国家迅速加入全球化的经济浪潮，这大大减轻了通胀压力。

第五章中提到的资金过剩与经济增长潜力的下降是表里

一体的现象。因此，资金过剩与通货紧缩并存。传统的经济学强调货币数量的增加会导致通货膨胀，但在经济低增长的情况下，无论有多少剩余资金，它们都不会进入经济活动，也不会增加通货膨胀的压力。这就是旧的经济学观念不再适用的一个例子。

还有一个被长期低利率趋势推翻的传统认知：利率有一个高于零的最低利率水平。也就是说，利率下限位于正利率水平内，不可能变为零或负利率。利率不能为负被称为**利率的零下限约束**，不久之前，这还是写入金融学课本的常识。既然利息是贷出资金的对价，那么这个对价自然应该是正数。

虽然利率不能为负是个常识，但也有其理论依据，这就是**流动性陷阱**的概念。简单地说，通过货币政策等手段来降低利率总是有限度的。在讨论利率问题时，常会提到流动性陷阱这个问题，下面我们来做简单介绍。

在讨论这个问题时，利率被视为持有现金的成本。持有现金不会产生利息，以"衣柜存款"（将现金存放在家里）为例，持有现金并不能产生利息。世界上的大部分钱都是银行存款，其中基本存款账户和活期账户中用于结算的存款或者不会产生利息，或者只产生微乎其微的利息。持有现金伴随着机会成本，如果能把钱贷出获取高额的利息，那么持有现金就意味着错过本可以赚取的利息。因此，利率是持有现金的成本，利率越高，机会成本就越高。

当作为机会成本的利率下降到一定程度时，持有现金的成本就变得微不可察。这样一来，即使通过扩张性货币政策提供了大量资金，这些资金也只会被持有，而不会被用于贷款等用途，贷款利率也不会进一步下降。发生流动性陷阱时，再宽松的货币政策也无法改变市场利率，货币政策失效。

以上这些都是基于概念层面的探讨，对于现实中的利率水平下限还没有特别明确的认识。关于利率水平，历史上有据可查的记录是 1619 年的热那亚政府债券收益率为1.125%，1998 年之前，普遍认为这是世界历史上最低的长期利率水平，很长一段时间内这也被认为是利率的大致下限。

日本于 1998 年打破了这一历史纪录。当时，日本受经济泡沫破灭的重创，1997 年山一证券公司破产，1998 年日本长期信用银行和日本债券信用银行接连破产，日本身处金融危机之中。同年，受对金融危机恶化、发生通货紧缩的悲观情绪影响，日本的长期利率大幅下降，一度跌至0.77%，刷新了最低利率的纪录。

随着日本不断刷新最低利率的纪录，曾经由热那亚保持的世界纪录已成为遥远的过去。这场降息竞赛中欧洲也紧随其后，2016年，日本和欧洲的长期利率相继跌入负值。迄今为止，日本10年期国债收益率的最低纪录为-0.297%，德国10年期国债收益率的最低纪录为-0.854%[⊖]。虽然2022年这一利率状况有所扭转，但纵观漫长的利率历史，利率已降至前所未有的水平。

短期利率的波动远大于长期利率，虽然历史上曾多次出现短期利率低于热那亚国债收益率1.125%的情况，但近年来短期利率长期维持在极低水平也是非常罕见的现象。

日本率先于1999年推出了打破常规的零利率政策，将在短期货币市场处于核心地位的无担保隔夜拆借交易利率引导至几乎为零的水平。其后欧洲实施了负利率政策，日本紧随其后，也于2016年实施了负利率政策。至此，跌至

⊖ 日本国债收益率的数值来自日本财务省，德国国债收益率的数值来自Investing.com网站。

零下的政策利率和短期利率在全球许多国家和地区已经成为常态。

因此，流动性陷阱中关于利率下限位于正利率水平内的论断在很大程度上被打破了。

然而，就利率已经降到极低水平时，单单依靠传统的扩张性货币政策无法达到刺激经济的目的这一情况而言，这是真正陷入了流动性陷阱。而非常规的货币政策正是打破这种流动性陷阱的一种努力。

第二节　为什么宁可亏本也要贷出资金

进入零利率甚至负利率时代后，我们必须修改一些关于利率的传统认识。

按理说借入方付息，贷出方收息，但负利率扭转了这一关系，变成了借入方收息，贷出方付息。

债券领域也出现了类似的奇怪现象。在利率为正的时候，发行不附利息（票面利息）的零息债券，投资者以折扣价购买这些债券来获利。如果以 95 日元的价格购买赎回价格为 100 日元的零息债券，投资者将获得 5 日元的收益，这就弥补了零票息的情况。因为零息债券以折扣价格进行投资，所以也被称为贴现债券。

然而在负利率时代，上述零息债券的价格可能超过 100 日元。例如，以 101 日元购买该债券，期满时将返还 100 日元。这已不再是传统意义上的"折现债券"，但按照惯例依然这样称呼。若投资者购买该债券并持有至期满，肯定会损失 1 日元，意味着收益率变为负值。

这里就出现了一个问题：投资者为什么要进行确定会亏损的投资？借贷也是如此，为什么宁可支付利息也要将资金贷出？

我们首先从普通个人的角度来考虑。如果银行存款的利率变成了负数，这意味着如果把钱存在银行，账户只会被扣除越来越多的利息。此种情况下大可以把存款全部取出，把现金全部存放在家里，避免支付利息。这就是所谓的"衣柜存款"。

"衣柜存款"并非全无成本，毕竟存在被盗的风险。但一般储户还是可以选择当利率变为负值时不再将钱存在银行。

但是高额储户的情况就不同了。如果手头有大量现金，风险就会大大增加。为了规避风险，必须购买一个大型保险箱，还要考虑放置保险箱的地方。金额越大，存放现金的成本就越高。

这意味着对于金融机构和投资管理公司等交易巨额资金的企业而言，将现金存放在手头是很不现实的选择。因此，即使在负利率情况下需要支付利息，它们也必须继续存款，或者寻找其他投资方式。

目前，日本央行对商业银行存入日本央行活期账户的部分存款余额实施 –0.1% 的利率。各银行为了尽量减轻利息负担，即便无担保隔夜拆借交易利率为 –0.09%，也会将剩余资金投入到无担保隔夜拆借市场上。因此，无担保隔夜拆借利率极有可能略高于 –0.1%，但始终在负利率的范围内。

当人们普遍预期政策利率水平将长期保持负值时，负利率就会波及定期利率，将从最短期限的定期利率开始依次变为负值。这就是前面提到的货币政策溢出效应。因此，如果将现金存放在手头来避免负利率的做法不可行，就会出现宁可支付因负利率产生的利息也要放贷的情况。

然而，出现负利率的基本上是市场利率。这并不是说普通存款及贷款的利率永远不会为负，但它们与市场利率相比，要跨越负利率前面的"零"这一障碍要困难得多。

如前所述，一般储户可以选择取出存款来减少负利率的影响，而且对普通储户实行负利率一事很难得到理解，也会受到社会和政治层面的批评。尽管如此，欧洲已经出现了对大额存款实行负利率的先例，日本也有银行以账户管理费等名目增加储户的负担。

虽然与存款相比，客户对贷款负利率的抵触情绪较小，[⊖]但是在银行难以对作为贷款资金来源的普通存款实行负利率的情况下，如果银行贷款利率降为负值，将对银行利润造成重大影响。因此，虽然不能说绝无可能，但负利率蔓延到非市场利率的可能性很小。

⊖ 丹麦也是较早实行负利率的国家，曾经实行过房贷的负利率。

第三节　为什么存在收益率低于政策利率的债券

这里就出现了另一个问题：一直以来，我们是基于日本央行对活期账户的部分存款余额实行的 –0.1% 的利率来展开探讨的，–0.1% 应该是市场利率大致的下限。但实际上，短期国债的收益率经常低于这一水平。这是为什么呢？

出现这一情况，有几个可能的原因。一个原因是，债券收益率为负是指持有债券至期满时的收益率，如果在到期之前卖出债券，因持有债券期间的平均收益率（持有期收益率）可能更高。

举例来说，以 100.2 日元的价格购买面值为 100 日元的一年期零息债券，并持有至期满，那么损失为 0.2 日元，收益率约为 –0.2%。但如果以 100.2 日元买入后，以 100.3 日元卖出，持有期收益率就变成了正值。其实只要以高于 100.2 日元的价格卖出就不会亏损。

以此债券为例，期满时只能返还 100 日元，因此如果投资者买入后持有至期满，盈亏合计一定为负数。所以，这就像是击鼓传花的游戏，最后总要有人接盘。另一方面，只要有人接盘，其他投资者的实际收益率就有可能变得更好。日本央行大量购买债券向市场供应资金，在这一量化宽松的货币政策下，日本央行最终接盘的可能性很大。

当然，日本央行如果接盘，也意味着独自承担负收益率带来的损失。因为日本央行本来就不是一家营利性公司，所以即使财务状况恶化，也基本上没有破产的风险。这让日本央行接盘承担损失有了现实的可行性。有些金融机构先买入收益率极低（但价格很高）的债券，再以更低的收益率（更高的价格）卖给日本央行来套取利润。这种交易事实上支持了债券的负收益率。

银行之所以不惜玩击鼓传花的游戏也要购买债券，根本原因在于它们没有其他方式来投资剩余资金。银行如果把剩余资金留在日本央行，就会被收取 −0.1% 的利率。因此，即使债券的到期收益率低于 −0.1%，但只要套利交易期间的持有期收益率略高于 −0.1%，购买债券也是明智的选择。

低于政策利率的债券负收益率能够存在的另一个原因是，现代金融市场经常需要债券作为各种交易的担保物。

在第三章介绍回购协议交易（日本的回购协议交易体系包括债券借贷交易和债券回购协议交易）时提到，可以提供债券作为担保，以较低成本筹集资金。债券是这些回购协议交易的必要条件。除此以外，按照市场惯例，衍生品交易也需要以有担保的形式进行。

金融衍生产品形成了一个以利率掉期交易为主体的巨大市场，在这里每天都有巨额的担保物参与交易。债券就是最常见的担保物，进行衍生品交易的金融机构和投资者需要持有债券以做担保。因此，这些承担了担保作用的债券即便收益不佳，也会被视为促进各种金融交易的必要支出。

因此，债券收益率有时为负值，甚至会低于 –0.1% 这一日本央行政策利率，金融衍生产品交易正是导致这一现象出现的决定性因素。

金融衍生产品中除了利率掉期，还包括货币掉期。利率掉期涉及同一货币不同利率的交换，而货币掉期则是交换两种货币现金流的交易。[⊖]货币掉期具体的交易流程如图 7-1 所示。

　⊖　在约定期限内交换约定数量的两种货币本金，同时定期交换两种货币利息的交易。此为汉语中的通用定义。——译者注

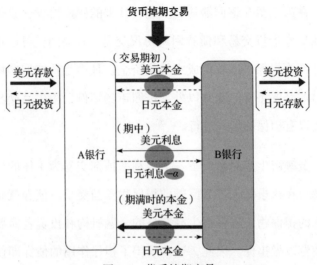

图 7-1　货币掉期交易

注：对 B 银行而言，将手头的日元出借给 A 银行，以换取美元。A 银行则与此相反。

　　在这笔交易中，期初海外银行 A 将美元本金借给日本银行 B，同时 B 银行将日元本金借给 A 银行。双方定期向对方支付以换入货币计算的利息金额，即 A 银行定期向 B 银行按照借入的日元本金支付利息，B 银行定期向 A 银行按照借入的美元本金支付利息。在交易期满时，双方交换本金和支付最后一期利息。

　　这笔交易中双方互相借贷资金，A 银行将手头的美元存款借给 B 银行，同时 B 银行将手头的日元存款借给 A 银行。

如果 B 银行很难找到日元资金的投资渠道，而有较为丰富的美元投资渠道，希望用美元投资，这一交易便应运而生，它能够满足 B 银行的需求。通过这一交易，B 银行可以通过将投资渠道狭窄的日元资金出借给 A 银行，换取 A 银行的美元资金，从而可以将美元用于投资。

事实上，这种货币掉期交易非常普遍。日元的资金过剩程度较高，日元资金以存款形式不断流入金融机构，但日元投资渠道不多。而美元的投资渠道较多，因此通过此类交易将手头多余的日元资金兑换成美元或其他外币进行投资的需求很大。

这将导致 B 银行面临不断恶化的交易条件。A 银行持有美元，并不想要无处可投资的日元，因此只有非常优厚的交易条件才能打动它。如图 7-1 中"$-\alpha$"所示，B 银行在掉期交易中获得的日元利率要远低于正常的市场利率水平。因为只有这样才能达成交易。

从 A 银行的角度来看，将自己的美元资金借给对方，可以"日元利率$-\alpha$"的较低利率水平获得日元资金。这里的"$-\alpha$"称为**货币基差**。虽然其水平视具体情况而定，但通常都相当大。日元利率原本就比较低，因此减去"α"后得出的日元利率往往会是很低的负值。

假设上述例子中的日元借入成本为 –0.5%，A 银行原本就没有用日元资金投资的动力，因此不想承担任何投资风险，所以购买了风险最低的国债。

假设国债收益率为 –0.2%。对 A 银行来说，日元借入成本为 –0.5%，这意味着只要借钱就有利可图，能获得 0.5% 的收益。这是负利率时代的一个独特现象。此外，国债收益率为 –0.2%，意味着这一投资的收益是负值。如果将 A 银行的这两项收益相加，最终还有 0.3% 的收益。因此 A 银行即使购买了收益率为 –0.2% 的国债，也可以在整个交易中获得足够的利润。

也许有读者会认为，A 银行没有必要购买收益率为 –0.2% 的政府债券。然而前文中也曾提到过，A 银行的这笔借来的日元资金必须放在某处，或以某种方式进行投资。A 银行可以把钱存入某个银行吗？第一，未必有银行愿意在投资渠道不畅的情况下为 A 银行的巨额日元资金办理存款，第二，A 银行还要考虑存款银行的信贷风险，在选择银行时还要完善相关的筛选机制。在这种情况下，购买收益率为负值的国债可能是更简便易行的办法。

如果 A 银行在日本央行开有活期账户，它可以以 –0.1%
的利率将这笔资金一直放在央行的账户里。如果 A 银行没有
日本央行的活期账户，只要能确保在整个交易中获利，它就
会购买收益率为负值，甚至低于政策利率的债券。这种交易
的存在是导致国债收益率低于 –0.1% 的主要因素。

第四节　突破常识的利率政策带来了什么影响

非常规货币政策的效果如何

零利率政策、量化宽松的货币政策、负利率政策、收益率曲线控制，日本推出了一系列非常规的货币政策，它们的效果到底如何？

关于这个问题，一直众说纷纭，今后相关研究也会不断深入。实施激进的扩张性货币政策的本意是推动物价上涨，我们并不能说这一初衷已经实现了。2022年，日本经济迎来了近40年来的首次物价上涨，但这不能归因于日本经济受实施多年的扩张性货币政策的影响开始升温。相反，这是由海外物价上涨压力、日元大幅贬值等意想不到的外部因素造成的。

但我们也不能断言这些货币政策毫无效果。例如，日本股票价格在过去十年中大幅上涨。这固然与企业利润的增加有关，但扩张性货币政策也起到了推波助澜的作用。我们在上一章讨论了利率与股票价格之间的关系，在此还想补充两点。第一，人为引起的金融市场上资金过剩的状况，虽然导致银行很难找到资金的投资渠道，但同时也在很大程度上消除了人们对资金短缺的担忧。

当经济遭受出乎意料的打击时，一旦银行出现资金短缺，金融市场就会变得一片混乱，从而导致整个金融体系面临巨大风险。在这种时候尤其容易发生股市崩盘。如果金融市场上资金过剩，因事发突然的经济冲击而引发整个金融体系危机的可能性就会降低，同时也降低了股灾的风险，可以说这对股市起到了支撑作用。

这些剩余资金中的大部分或在金融市场上流转，或被用来购买国债。无论金融市场上的资金如何增加，如果资金不流入实体经济就无法刺激经济。这也许是非常规货币政策不能产生明显经济刺激效果的主要原因。但毋庸置疑，一部分剩余资金流向了各个领域。

其中一些资金流入了股市，并对股市起到了支撑作用。这就是非常规货币政策引起股价上涨的第二个原因。

股价大幅上涨，在股市中获利的投资者消费意愿较强，特别是一些高消费会增加，这就是所谓的资产效应。此外，虽然公司股价的上涨并不会直接影响公司的财务状况，但它有助于公司以较低成本进行新的融资，还能增加管理层的信心，这都将推动公司更加积极主动地发展业务。

因此，股价上涨会对整个经济产生积极影响。虽然这一结果也许和货币政策的初衷稍有出入，但确实属于非常规货币政策的效果。

此外，非常规货币政策也存在负面影响和副作用。关于这个问题，我们具体关注以下几点。

非常规货币政策会导致经济泡沫和低增长吗

非常规货币政策有可能引发经济泡沫。事实上，日本虽然是非常规货币政策的先行者，但在日本尚未见到出现大范围经济泡沫的迹象，而美国等一些国家中已经出现一些可以明确判断为经济泡沫的现象。这是非常规货币政策的第一个不利影响。

2021年年底，从部分指标来看，美国股市已经上涨到了历史上相当高的水平，这在一定程度上反映了美国企业盈利势头强劲的现实情况。然而，某些业绩并不突出的股票在社交网站被热炒，股价突然暴涨数倍，这种情况时有发生。

这些股票被称为模因股（meme stock），争相购买这些股票的大多是相对缺乏投资经验的个人投资者，他们的资金来源往往是新冠疫情期间政府发放的救济金。可以说，这确实是资金过剩造成的一种类似经济泡沫的现象。如前文所述，虚拟货币（加密资产）的繁荣也可以说是一种泡沫现象。低利率会刺激风险资产的价格上涨。而风险资产价格上涨虽然有促进经济发展的作用，但过犹不及，如果超过一定的界限就会产生各种不利影响，并非长久之计。

资金过剩和低利率可能反而会导致经济的低增长，这是非常规货币政策的第二个不利影响。

虽然实行低利率本意是为了刺激经济，但也有观点认为，持续的低利率会使那些只能在低利率条件下生存的企业（所谓的僵尸企业）继续存活，从而阻碍整个经济的生产力水平和生产效率的提升。

企业的正常运转和发展需要资金，不论是日常运营的资金还是用于设备投资的资金，企业的利润率必须高于融资的利息负担，否则企业将无法正常运转。可以说利率是公司必须跨越的利润率的最低门槛。而低利率只会降低这一门槛。

当然，不论企业拥有多么先进的技术和经营理念，都有可能因时运不佳而导致业绩下跌，这种时候低利率能帮助企业摆脱困境。但是，一旦低利率成为一种常态，那些依靠低利率才能维持下去的盈利能力欠佳的企业就不会被淘汰出局，市场出清机制失效，最终导致经济失去活力。可以说，持续的低利率会使经济习惯这种低效率的状态。

低利率能产生增加财政支出的效果，但我们也要看到，财政支出的增加也会降低生产经营的效率。财政支出有多种类型，有些财政政策能起到提高生产效率的作用，但大部分财政政策的出发点并非基于此。特别是当优先考虑确保财政刺激的规模以支持经济时，可能会出台不少实际上阻碍生产效率提升的财政政策。

当然，财政政策作为公共政策也有其作用，重新分配收入、防止贫富差距加剧都是非常重要的政策课题。这些政策在某种程度上是必不可少的，即使它们有时与生产效率提升背道而驰。但如果这些政策在低利率环境下过度膨胀，就会削弱经济整体的增长潜力。

如上所述，为了应对低增长而采取激进的货币政策，当这种政策成为常态时，就会导致更低的经济增长，这反过来又迫使政府无限期地继续实行扩张性货币政策。这种恶性循环的风险是切实存在的，这种情况在当今的日本可能尤为明显。

退出问题和市场功能的丧失

非常规货币政策的第三个负面影响是退出问题。

一般情况下，当扩张性货币政策终止，转向紧缩性货币政策时，原本充裕的资金流会发生变化，金融市场也会面临各种压力。而在结束非常规货币政策这一极致的扩张性货币政策时，很可能会出现更多动荡。如果这一政策已经实施了很长时间，可以预见风险更会陡增。

在量化宽松的货币政策下，央行是债券的大买家，政策的结束就意味着大买家离场了。如果央行随后启动量化紧缩的货币政策，向商业银行出售债券，央行就变成了一个巨大的卖家。

大买家消失、向卖方的转变不仅会导致债券价格下跌（利率上升），还会导致交易量因买方短缺而受限，市场行情会因微小的原因而产生巨大的波动。市场上存在足够的买方和卖方，交易能够顺利进行，这一特性被称为**市场流动**

性。量化宽松的货币政策一旦发生转向，市场就可能丧失流动性。

如果市场的流动性不足，稍有风吹草动债券价格就会发生巨大变化，交易也很难按预期进行，这些都会给投资者造成意想不到的损失，也让投资者很难灵活地对冲（规避）风险。

如果经济本身过于依赖极度宽松的金融环境，一些行业和企业也可能无法承受紧缩性货币政策。当然，僵尸企业更会面临困境。

在这种情况下，应特别关注国家和中央银行的信用状况。截至 2022 年 12 月底，日本央行持有的日本国债高达 564 万亿日元，占未偿还国债总额的 50% 以上。简单地说，拥有印钞权力的日本央行正在积极购买日本政府为填补财政赤字而发行的国债。

由中央银行直接购买国债以填补财政赤字被称为债务货币化，由于这一行为存在引发通货膨胀的风险，原则上是被法律所禁止的。日本央行认为自己购买国债的行为并不属于债务货币化，因为央行在市场上购买国债，并不直接从政府手中购买国债，购买国债的行为只是货币政策的一环。但这在实质上并无太大区别，至少这不是一种应有的行为。

不过，只要通胀率不上升，目前的超宽松货币政策得以维持，问题就不会浮出水面。利率不上升，已购买的债券就不会亏损，央行就可以印发更多货币来购买债券。可是一旦日本经济面对不断升高的通胀压力，会发生什么情况呢？

要控制通货膨胀，就要收紧货币政策，促使利率上升。然而，当利率上升时，日本央行持有的大量国债的价格就会下跌，将远远低于购买时的价格，从而造成巨大的估值损失。日本央行的净资产只有大约 5 万亿日元，很快会出现实际资不抵债的情况。

下面我们来梳理一下这将引发什么样的问题。

我们回顾一下债券价格与收益率之间的关系。一般收益率（最终收益率）是指持有债券至期满的收益率。但是如果在期满之前出售债券，而交易时的出售价格低，可能会产生巨大的损失，导致持有期间的收益率大幅降低。估值损失表示在这种情况下，如果以当前市价出售债券，将会产生多少损失。

相反，如果持有债券至期满，估值损失不会成为现实中的损失。当然，如果购买了最终收益率为负的债券，并且一直持有至期满，那么无论估值损失如何，收益均为负值。但目前日本央行持有的所有债券的平均收益率为略高于零的正值。

严格来说，即便不会在期满之前出售债券，估值损失也并非毫无意义。它可以被视为"在收益率较低时购买的债券，与在收益率较高的当下新购买的债券相比，投资收益减少了多少"。从纯粹的投资角度来看，没有获得应得的收益也可看作一种损失。然而，日本央行并非营利性企业，因此无论投资收益多低，只要不出现亏损就可以。估值损失只要没有成为真正的损失就不成问题。

那么何时会出现真正的损失呢？当日本央行的融资成本随着利率上升而上升，并超过其所持债券的收益率时，才会出现真正的损失。这就是所谓的反向利差。

第五章曾经介绍过，日本央行的资金来源是发行的纸币和存在央行的活期存款。无论利率有多高，央行都没有必要为发行的纸币附加利息。但另一方面，如果央行活期存款的利率升高，央行的资金成本也会相应增加。那么，央行只要

　　　　　　　　　　　利息的故事：利率背后的金融世界

不上调活期账户的存款利率，资金成本就不会增加。但实行紧缩性货币政策时，情况又不一样了。

2022年年底，日本央行的活期账户余额约为500万亿日元。当央行存款膨胀到如此大的金额时，其利率就是短期市场利率的底线，这一点在前文中已经提到过。这是因为如果市场利率低于这一水平，就没有必要在市场上进行投资，将剩余资金存入央行账户是更为合理的做法。

因此，为了提高市场利率，要么将央行的存款余额减少到必要的最低水平，要么提高存款利率。要迅速减少目前的巨额存款余额是不现实的，那么想要提高市场利率，就必须提高央行活期账户存款的利率。否则市场利率不可能如愿上涨。

因为日本央行持有的日本国债金额和日本央行活期账户余额大致处于同一水平，所以一旦央行活期账户的平均利率超过央行持有的日本国债的平均收益率，就会出现反向利差。

我们知道，拥有货币发行权的中央银行基本上不会破产，但是，如果赤字持续增长，市场就会认为目前的货币政策实质上是"拆东墙补西墙"，不是长久之计，从而对货币政策失去信心，使货币价值暴跌。

此外，还有一个更重要的问题：利率上升时，能否延续目前的财政政策？因为当利率上升时，维持财政赤字的成本就会大大增加。

利率上升初期，市场上的国债大多还是低利率时发行的，因此支付利息的负担暂时还不会明显加重。可是利率上升，市场上的投资者会意识到未来会发生财政状况恶化，恐慌情绪导致国债被大量抛售，这又进一步加剧了投资者对国债的不信任，形成恶性循环，长期利率一路飙升。

由此可见，当必须退出非常规货币政策时，伴随着退出，会出现种种棘手的问题。

下面我们探讨非常规扩张性货币政策的最后一个负面影响，市场功能的丧失。

第五章中曾经提到，金融市场传递着各种信息，其中包括对经济状况以及货币和财政政策的评估。然而，市场只有在正常运行的情况下才能发挥这一作用。市场运行良好的首要条件则是拥有多种信息、多种需求的广大投资者进行活跃的交易。

量化宽松的货币政策则极大地限制了市场的多样性和交易自由，因为在这一政策下中央银行变成了市场主力，主导着市场的运行。特别是在日本央行的收益率曲线控制政策下，本应由市场决定的长期利率水平被央行人为设定，因此它不再是"体现对未来预期的长期利率"，也起不到"经济的体温计"这一作用。

市场功能的丧失会带来什么问题？第一，市场失去流动性，当货币政策发生变化时，市场可能会剧烈震荡。第二，收益率曲线失去应有的预警功能。

市场会评估货币政策是否合理，财政是否可持续，并根据评估结果发出警告。这也被称为"债券卫士"。然而，在非常规扩张性货币政策下，这种警示功能不再发挥作用，这就增加了公共财政无限恶化，不合理的货币政策无限期持续下去的风险。

事实上，只有当我们走出史无前例的低利率时期，才能真正了解这个时期到底带来了什么影响。

第五节　历史上重大的利率变动事件

现在让我们聚焦发生在利率长期下降趋势中的一些具有代表性的重大的利率变动事件，这些事例在讨论利率波动时经常被提及。

美国：1994年债券大屠杀

美国经济在1990年经历了相对短暂的衰退之后，进入了漫长的复苏期。现在回顾那段历史，可以发现经济增长潜力下降和低通胀趋势在当时已经开始显现，但1993年年底至1994年通胀压力逐渐加大。

为了应对这一情况，美联储从1994年2月起，在大约一年的时间内将政策利率（联邦基金利率指导目标）从3%提高到6%。决定长期利率的债券市场对货币政策有预判，因此在实际开始加息前，债券市场就开始上涨，1993年10月至1994年11月，10年期美国国债的收益率从5.2%上升到8%以上，上升幅度为2.8%（详见图7-2）。

　　　　　　　　　　利息的故事：利率背后的金融世界

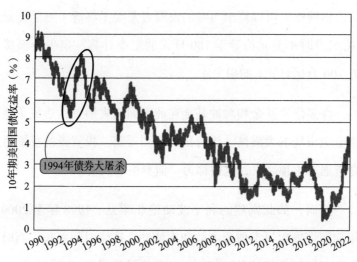

图 7-2　美国国债收益率：1994 年债券大屠杀及
之后的走势（截至 2022 年年底）

第四章中介绍过，债券价格随收益率上升而下降的程度
与债券的剩余期限成正比，准确地说与久期成正比。要计算
出准确的久期，需要将各种不同的收益率水平都考虑在内。
这里简单地将 10 年期美国国债的久期设定为 7.2 年，然后
用收益率的增长率乘以久期，可以计算出债券价格的下降比
率，即 2.8%×7.2，可得债券价格的跌幅约为 20%。

当时，美国的未偿还国债总额约为 4.5 万亿美元。当
然，其中既包括 10 年期国债，也包括剩余期限更短或更长
的国债。我们只做一个简单估算，将 4.5 万亿美元乘以 20%

的价格跌幅，可以算出当时的投资者蒙受了将近 1 万亿美元（按照当时 1 美元约等于 100 日元的汇率计算，损失金额接近 100 万亿日元）的损失。

许多债券基金和对冲基金在此期间损失惨重，造成了整个金融市场的大震荡。当时市场剧烈震荡，投资者的投资组合遭遇了灭顶之灾，这被称为"债券市场大屠杀"。

然而，如此剧烈的利率波动绝非罕见。1998 年至 2000 年期间也发生过类似程度的利率波动，持续时间更长。当时也出现了对市场的各种打击，并最终导致了 IT 泡沫的破灭。从这些例子可以看出，债券市场不像股票市场那样经常出现大幅价格波动。但由于债券市场体量过于庞大，一旦出现剧烈震荡，就会产生巨大的冲击。

2022 年，美国的加息速度超过了 1994 年。从 2022 年 3 月到 2022 年年底，美国的加息幅度达到 4.25%，而且很可能在 2023 年继续加息。2022 年年底，10 年期美国国债收益率与 2020 年 3 月新冠疫情时的历史最低点相比，涨幅超过了 3.7%。

而美国的未偿还国债总额已激增至 23.7 万亿美元（按 1

美元兑 135 日元计算，高达 3 200 万亿日元）。因此投资者因国债收益率上升而蒙受的损失与 1994 年时称为债券大屠杀的事件造成的损失不可同日而语。至此，想必大家能理解 2022 年的美国加息在利率史上是影响深远的事件了。

日本：1998 年资金运用部危机与 2003 年 VaR 危机

关于日本的长期利率，也有几个至今仍被屡屡提及的重大事件，下面介绍其中的两大事件。

日本于 1998 年遭遇金融危机，到了 10 月，日本的长期利率降至 0.77%，刷新了由 17 世纪的热那亚国债创下的 1.125% 这一长期利率的世界最低纪录。与此同时，不断推出的财政刺激措施导致财政赤字迅速扩大，国债发行量也大幅增加。增发国债意味着市场上国债供应量增加，给国债价格带来下行压力，给国债收益率带来上行压力。此时，美国的评级机构穆迪对日本财政政策的可持续性持怀疑态度，下调了日本国债的信用评级。

在此背景下，当时的大藏省（现为财务省）的资金运用部宣布暂停购买日本国债。资金运用部是大藏省下辖的一个机构，受托管理部分邮政储蓄和养老公积金，以购买国债等方式进行有计划的投资。资金运用部管理的资金数额巨大，高达数百万亿日元。当时日本的国债市场本就需求疲软，失去资金运用部这个大买家后市场突然崩盘。这就是"资金运用部危机"。

1999年2月，10年期日本国债的收益率突破了2.4%，在很短的时间内涨幅超过了1.6%。粗略估算10年期国债的久期为9.3年⊖，可计算出债券价格下跌了15%。由于当时的未偿还国债总额不到300万亿日元，两个数字相乘，可以估算出此次损失超过40万亿日元。虽然与美国的"债券大屠杀"相比规模较小，但此次危机发生在短短两三个月内，也带来了十分严重的影响。

当时日本经济处于衰退期，如果利率继续上升，会对经济产生巨大的不良影响。日本央行于1999年2月推出了零利率政策，这一举措阻止了长期利率的继续攀升，在较短时间内结束了市场动荡。

从那时起，10年期日本国债收益率一直徘徊在1%左右

⊖ 即使债券的剩余期限相同，久期也会因票面利率和收益率的不同而有差异。在这个例子中日本国债收益率远低于1994年的美国国债收益率，因此久期会更长。

的水平，2002 年下半年再次下跌，2003 年 6 月达到 0.43%
这一历史最低点。当时经济低迷，此外，因 20 世纪 90 年
代经济泡沫破灭而引发的金融机构的呆坏账问题仍在持续
发酵。

　　然而，2003 年 5 月，大和银行与旭日银行合并成立理
索纳银行，日本政府决定向理索纳银行注入公共资金。此时
人们开始认为大型银行的呆坏账问题已经得到解决，同时商
业信心也在开始增强。当时 10 年期国债收益率仅为 0.43%，
这样看来似乎太低了。

　　我们常说物极必反，当大量市场参与者同一方向的交易
不断累积时，就会产生巨大的反作用力。当时大多数银行将
手头的剩余资金用于投资债券，这些债券被同时大规模平
仓，导致了债券价格的暴跌。2003 年 9 月，10 年期日本国
债收益率超过 1.6%，涨幅约为 1.2%。这就是"VaR 危机"。

　　VaR（风险价值，value at risk）是金融机构常用的金融
风险管理工具。银行将持有的债券等金融资产的总金额乘以
推算的价格波动幅度，计算可能面临的最大损失金额。这个
预估的损失金额就是风险价值，银行将其控制在一定的范围
内，可以在市场行情下行时将损失限定在较小范围内。

然而，当市场开始大幅震荡时，价格波动幅度也会增大。通过上述的计算公式可知，这导致风险价值增大，即潜在亏损不断上升。此时，降低风险价值的唯一办法就是卖出持有的债券。这一系列操作是金融风险管理的基本操作，对于单个金融机构来说并无不妥。

然而，当许多金融机构都持有大量债券，同样用风险价值法进行风险管理时，只要债券价格出现较大跌幅，这些金融机构就会步调一致地出售持有的债券以降低风险。这样一来市场上是清一色的卖方，导致债券价格进一步下跌。而这又再次提高了风险价值，并引发更多的同步抛售，使市场大幅震荡。

当时，风险价值是一个非常新颖的技术性概念。但市场参与者同时采取的避险行为导致市场行情急剧下跌，这一市场崩盘的基本模式早已有之。归根结底，风险价值法对作为个体的金融机构而言似乎是最佳的风险管理手段，但它不能防止市场崩盘，甚至可能成为引发崩盘的重要因素。

和前文中提到的几次危机事件相比，VaR 危机中利率上升的幅度并不是很大。然而，危机事件对市场的影响也因市场规模而异。当时日本的未偿还国债总额已增至近 450 万亿日元，据此估算，VaR 危机中市场参与者所蒙受的损失可能超过了 40 万亿日元（见图 7-3）。

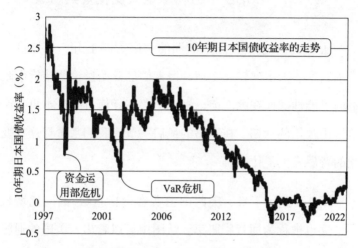

图 7-3　资金运用部危机、VaR 危机及其后 10 年期日本
　　　　国债收益率走势（截至 2022 年年底）
资料来源：日本财务省。

现在，日本的未偿还国债总额又翻了一番，达到约
1 000 万亿日元。日本的长期利率因收益率曲线控制一直保持在较低水平，长期利率一旦开始上升，将带来不可估量的影响。

第六节　2022 年的利率重大变化及其背景

从 2022 年起，美国和欧洲的利率大幅上升。虽然目前日本利率还未出现较大变动，但人们已开始讨论调整货币政策的可能性。而在此之前，根本不存在任何有关日本央行调整货币政策的预期。在本书的最后一节，我们来看看这些变化的背后发生了什么。

图 7-4 显示了日、美两国消费者价格指数[⊖]的同比增长率，这也被称为通货膨胀率。从图中可以看出，美国的通胀上升势头非常明显，2021 年后更是急剧上升，达到了 20 世纪 80 年代初以来的最高水平。从图上看日本通胀的上升势头并不那么明显，但剔除 1989 年、1997 年、2014 年、2019 年引入消费税、提高税率的影响，近期的物价上涨率是近40 年来最高的。

为什么这段时间物价上涨幅度如此大，为什么通货膨胀

⊖ 计算通货膨胀率有几个不同的指标，其中的消费者价格指数也有不同的计算标准。日本央行的指标指数中剔除了生鲜食品，而美联储则重点关注扣除了食品和能源的核心指数。本书为了说明整体的价格情况，使用了涵盖各方面价格的综合指数。

卷土重来了呢？其中有很多原因。

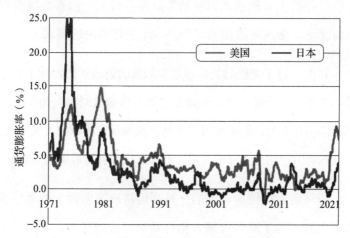

图 7-4　美国和日本的通货膨胀率走势图
（消费者价格指数的同比增长率）

资料来源：美国劳工部、日本总务省。

　　首先，通胀长期低位运行，其背后的主要原因之一是经济全球化。这是指在世界范围内将原材料采购、产品制造、流通销售等一系列生产活动联系起来，形成全球规模的供应链，努力打造成本最低、效率最高的生产体系。

　　然而，中美贸易摩擦引发了对这一全球化趋势的重新审视。2022 年 2 月爆发的俄乌冲突又加速了认知的转变。

　　目前，在全球范围内建立起来的供应链体系正在关税、法规和经济制裁等各种因素下被割裂，面临重组的局面。这导致曾经的主要低通胀因素消失。在各种风险因素相继出现的情况下，全球化的倒退将会是一个很难解决的问题。

其次，过于宽松的货币政策和积极的财政扩张导致了资金过剩现象越发严重。我们知道非常规货币政策对推高物价上涨率的作用并不大，但资金过于充裕，就像是堆放着的大捆干柴，一旦溅起引起物价上涨的火星，通胀之火很容易被瞬间点燃。

应对新冠疫情而实施的一系列经济政策实际上推动了通胀率上升。为了减轻疫情大幅蔓延对经济的打击，美国实施了非常激进的扩张性货币政策，另外还发放了疫情救济金，采取了一系列积极的财政措施。这些措施创造的货币盈余推动了美国模因股和虚拟货币的繁荣。随着美国经济从新冠疫情中迅速恢复，这些货币盈余最终流入实体经济，增加了物价上涨的压力。

以往的货币盈余往往停留在金融市场和金融机构中，为应对新冠疫情而广泛实施的各种政策所带来的货币盈余则更有可能在实体经济中流通。

此外，以应对气候变化为目的的脱碳化趋势也是物价上涨的一个原因。减少使用石油、煤炭等造成碳排放的化石燃料，转用清洁能源需要一系列的投资，提高化石燃料的利用率同样需要大笔的资金投入，这都导致能源价格上涨。因此，在目前还未能以更低的成本大量生产清洁能源的情况下，电价等能源的价格就有可能全线上涨。此外，产业结构的重大调整也会造成各种瓶颈的出现，例如对电池生产所需的稀缺资源的需求快速增长，导致了相关原材料价格飙升。

导致通胀回升的最后一击是俄乌冲突。俄罗斯和乌克兰是全球主要的粮食出口国，俄罗斯还是原油和天然气等能源的主要出口国。俄乌冲突导致了粮食价格和能源价格的全面上涨。

当然，2022年物价上涨背后的这些因素中，有些属于暂时性因素，随着这些因素的消失，物价快速上涨的势头也大概率会逐渐消退。有些是结构性的，预计会产生长期影响。因此即使物价上涨有所缓和，也很难指望能回到2020年之前的低通胀趋势。

总之，持续了40余年的低通胀、低利率趋势似乎已经画上了休止符，世界进入了向新的经济结构转型的过渡阶段。这种新秩序将呈现何种面貌，目前还不得而知，但它必将决定未来几十年全球经济的走向。